AF314295

COMITÉ DU CHEMIN DE FER TRANSSIBÉRIEN

APERÇU

DE

L'HISTOIRE DE LA COLONISATION

EN SIBÉRIE

Publié par la Chancellerie du Comité des Ministres

PARIS

IMPRIMERIE PAUL DUPONT

4, RUE DU BOULOI, 4

1900

AVANT-PROPOS

Une des parties les plus importantes de la tâche léguée au Comité du chemin de fer Transsibérien par son Auguste Fondateur, l'Empereur Alexandre III, est la colonisation des régions de la Sibérie, qui sont les plus favorisées par la nature et se présente dans les conditions les meilleures pour la vie civile. Pour atteindre ce but, le Comité n'a pas eu recours à des mesures spéciales, il a profité du mouvement naturel d'immigration des paysans de la Russie d'Europe vers les contrées de l'Orient Asiatique. Ce mouvement qui a pour origine la tendance naturelle de la population agricole à se porter vers les grandes étendues de terres pour s'y installer, s'est accru considérablement ces derniers temps, grâce à la construction du chemin de fer de Sibérie, qui a facilité les communications entre cette région et le reste de l'Empire.

Lorsqu'on étudie la question de la colonisation de la Sibérie, il ne faut pas perdre de vue que ce vaste pays n'est, en réalité, qu'un prolongement naturel de la Russie d'Europe, dont il n'est séparé que par la chaîne des monts Ourals, peu élevée et facile à franchir, simple limite conventionnelle entre l'Asie et l'Europe.

C'est pourquoi le mouvement d'expansion des paysans russes vers la Sibérie offre plutôt le caractère d'une répartition de la population sur le territoire d'un même État, que celui d'une émigration dans le sens exact du mot, c'est-à-dire du départ pour des colonies d'un excédent de population de la métropole : dans le cas qui nous occupe ce mouvement de la population prend le caractère plus complexe d'un véritable phénomène économique. Par son caractère strictement national, la colonisation de la Sibérie se distingue, entre, autres, de celle de la région traversée par le chemin de fer du Canada, et de celle des autres régions de l'Amérique qui attirent les émigrants de tous les points du globe.

Par son importance au point de vue de la vie sociale du peuple russe, la colonisation de la Sibérie oblige le gouvernement à se comporter vis-à-vis d'elle avec une très grande circonspection. Toute attitude extrême, soit dans le sens d'un encouragement exagéré, soit au contraire dans le sens restrictif, serait également dangereuse : dans le premier cas on verrait se produire en Sibérie un afflux de population dont l'installation occasionnerait au gouvernement de trop lourdes charges, et dans le second cas, on assisterait à un développement inévitable de l'émigration en dehors des voies légales. Comme l'a montré l'expérience des six dernières années, le Comité du chemin de fer de Sibérie a réussi à mener à bien l'organisation du mouvement d'émigration dans cette contrée, et à la placer dans un cadre répondant à la fois aux vues du gouvernement et aux intérêts de la population émigrée. Le Comité a apporté une sollicitude spéciale à fournir aux émigrants la possibilité d'avoir mieux conscience de la portée de l'acte auquel ils se décidaient en quittant leurs lieux d'origine.

A cet effet des données exactes sur la Sibérie ont été répandues sous forme de brochures parmi la population paysanne de la Russie d'Europe. D'un autre côté, des mesures ont été prises pour donner aux émigrants la faculté de se transporter en Sibérie à très peu de frais, et avec le plus de profit pour eux et pour l'État.

Dans cet aperçu, publié sous la direction du Secrétaire d'État Koulomsine, se trouvent groupées les principales données relatives au développement historique du mouvement colonisateur en Sibérie, et à l'organisation actuelle qui lui a été donnée par les soins du Comité du chemin de fer Transsibérien.

Aperçu sur l'histoire de la colonisation en Sibérie

INTRODUCTION

Conquête de la Sibérie et caractère général de la colonisation de cette contrée.

Avant de faire l'exposé du développement historique de la colonisation en Sibérie, il faut résumer tout d'abord, ne fût-ce qu'en traits généraux, l'histoire de la conquête de cette contrée par les Russes.

Jusqu'à la fin du XVIe siècle, le peuple russe s'est trouvé entravé dans son mouvement d'expansion à l'Est par les luttes qu'il devait soutenir contre les hordes tatares : celles-ci avaient comme on sait, fait irruption, au XIIIe siècle, des steppes de l'Asie Centrale sur le territoire de la Russie d'Europe. Après la conquête définitive des derniers khanats tatares indépendants, ceux de Kazan et d'Astrakhan, par le tsar Jean IV le Terrible, les Russes prennent pied dans la région du Volga et s'emparent de la contrée de l'Oural, qui leur ouvrait la route de la Sibérie. Les premiers colons dans l'Oural ont été des trafiquants attirés par l'appât du gain qui firent le commerce des fourrures, la richesse de cette contrée. Le gouvernement ne leur accorda d'abord son assistance que d'une manière indirecte, sous forme de certains privilèges. Plus tard cette assistance devint plus ferme lorsque les Russes, après avoir passé l'Oural, se heurtèrent à la résistance des Tatares nomades, soumis au tsarat de Sibérie dans le bassin de l'Irtysh. La première lutte armée entre ces Tatares et les Russes eut lieu lors du passage de l'Oural par quelques centaines de Cosaques, qui sous le commandement de l'ataman Yermak étaient en quête de riche butin et cherchaient à échapper aux poursuites dont ils étaient l'objet pour fait de brigandages.

C'est à l'automne de 1580 que Yermak a franchi l'Oural; il pénétra graduellement dans l'intérieur de la Sibérie en suivant les affluents de l'Irtysh. L'année suivante après un combat acharné il écrase le khan tatare Koutshoum, s'empare de la capitale Isker ou Sibir, et l'oblige à s'enfuir dans les steppes du Sud. Cette défaite des Tatares produisit un effet si puissant sur les autres pleuplades, qu'un grand nombre de petits princes de cette contrée vinrent d'eux-mêmes faire leur soumission à Yermak, et lui offrirent le tribut (yasak). Pendant l'hiver de 1584, Yermak envoya des émissaires au tsar Jean IV pour lui demander de prendre sous sa domination la contrée sibérienno nouvellement conquise. Des troupes furent envoyées de Moscou pour venir en aide au conquérant Yermak qui périt en automne 1584 dans un nouveau combat avec les Tatares sur les bords de l'Irtysh, et les troupes russes achevèrent son œuvre de conquête.

Les Tatares une fois soumis, les Russes poursuivent leur mouvement d'expansion en Sibérie, jusqu'au fleuve Amour à l'Est et la steppe kirghise au Sud, sans rencontrer de résistance sérieuse. Sur l'Amour, les Russes entrèrent en contact avec les Chinois, et dans les steppes méridionales avec les nombreuses populations nomades de ces contrées : la lutte contre ces dernières se complique de conflits fréquents avec les petits souverains de l'Asie Centrale et avec les Mongoles qui cherchaient également à soumettre ces nomades à leur domination.

Les conditions orographiques et hydrographiques du territoire sibérien étaient très favorables à la conquête. La pénétration des Russes était facilitée particulièrement par l'abondance des cours d'eau, par la disposition des affluents navigables des grands fleuves qui convergent dans leur cours supérieur. Les détachements de troupes russes et les émigrants s'avançaient en suivant les grands systèmes fluviaux de la Sibérie, passant d'un système dans un autre au moyen de ce qu'on appelle des « volokas », qui sont les points où les lignes de partage des eaux sont le plus facilement franchissables.

Pour relier ses possessions nouvelles aux anciennes, le gouvernement russe a établi en Sibérie toute une série « d'ostrogs », c'est-à-dire des points fortifiés qui, dans la suite, devinrent des villes. Ces forteresses recevaient de petites garnisons et étaient munies d'approvisionnements : elles ont servi à l'autorité russe au milieu des immenses espaces si peu habités de la Sibérie. Quelques-unes, en raison de leur situation, reçurent une destination spéciale et devinrent la résidence des voiévodes-gouverneurs, auxquels étaient soumises les villes voisines. De chacune de ces villes dépendait une certaine région pour la levée du yasak. Les voiévodes sibériens organisaient des corps de troupes avec lesquels ils entreprenaient des expéditions pour soumettre au tribut d'autres peuplades indigènes et accroître leur territoire. Ces expéditions étaient souvent précédées par des expéditions isolées de hardis pionniers qui recueillaient le yasak à leur profit au nom du Tsar et qui, dans certains cas, étaient assistés par les voiévodes dans leurs efforts pour découvrir des terres nouvelles.

S'avançant graduellement vers l'Ouest, les détachements russes occupèrent, vers la fin du xvie siècle, des localités situées sur le cours de l'Irtysh et de l'Obi, depuis la rivière Kety jusqu'à l'océan Glacial. La domination russe dans cette région a été assurée par la construction de dix villes dont la plus importante fut bientôt la ville de Tobolsk, fondée sur l'emplacement d'Isker, capitale de l'ancien tsarat de Sibérie.

Pendant la première moitié du xviie siècle, les Russes conquirent successivement les bassins de l'Yenisseï et de la Léna jusqu'à l'océan Glacial et s'avancent à l'Est jusqu'à la mer d'Okhotsk. Durant cette période s'élèvent les villes de Tomsk, Yénisseisk, Krasnoïarsk. Yakoutsk, Irkoutsk, etc. Vers le milieu du XVIIe siècle, les expéditions héroïques du cosaque Desnev, qui, avec une poignée d'hommes résolus, explora les mers polaires, il contourna l'extrémité nord-est du continent asiatique, qui porte actuellement son nom et pénétra dans le Kamtschatka par le détroit de Behring qu'il venait de découvrir. Le Kamtschatka a été définitivement annexé à la Russie en 1697 à la suite de l'expédition du cosaque Atlassov. En 1644 les Russes apparaissent pour la première fois sur les bords de l'Amour. La vallée de ce fleuve fut suivie jusqu'à la mer d'Okhotsk, d'abord par l'expédition de Poïarkov, et, dix ans plus tard, par le détachement que le cosaque et commerçant Khabarov avait organisé à ses frais avec l'aide du voiévode de Yakoustk ; ce détachement occupa tout le cours de l'Amour, malgré la résistance opposée par les Mandchoux.

La lutte entre la Russie et la Chine pour la possession du bassin de l'Amour s'est terminée en 1689 par la conclusion du traité de Nertshinsk aux termes duquel la Russie renonçait temporairement à cette région. La contrée de l'Amour a été réunie définitivement à la Russie vers le milieu du XIXe siècle, grâce à l'énergie et à l'esprit politique d'un des plus remarquables hommes d'État de cette époque, le gouverneur général de la Sibérie Orientale Mouraviev, devenu plus tard comte Mouraviev-Amoursky. En 1850, une expédition qu'il organisa sous le commandement du capitaine Nevelsky plante le drapeau russe à l'embouchure de l'Amour; en 1858 conclut avec un plénipotentiaire chinois le traité d'Argoun, qui donnait à la Russie la rive gauche de l'Amour depuis la rivière Argoun jusqu'à la côte de l'océan Pacifique. Cette convention fut confirmée deux ans plus tard par le traité de Pékin, la Russie obtenait, en outre, grâce à l'habileté de son chargé d'affaires, le comte Nicolas Ignatiev, la cession par la Chine de tout le bassin de l'Oussouri, l'affluent de droite le plus important de l'Amour, ce qui étendait ses possessions jusqu'aux frontières de la Corée.

C'est également pendant le XIXe siècle que s'est achevée dans le Sud-Ouest de la Sibérie la soumission des peuplades nomades kirghises ; la Russie s'avance alors dans le cœur de l'Asie Centrale. — Pour assurer la domination sur les confins des régions habitées par les Kirghises, la Russie établit dans cette région, à partir du commencement du XVIIIe siècle, des lignes de défense s'appuyant sur des villes fortes telles que Omsk, Pétropavlovsk, Biisk, et toute une série de postes de Cosaques.

Le peuplement de la Sibérie a marché de pair avec sa conquête. Dans la région du centre, les émigrants ne rencontrant pas d'obstacle de la part de la population indigène soumise entièrement à la Russie, la colonisation fut plus rapide que dans le Sud-Ouest, où jusqu'à la moitié du XIXe siècle les Russes durent soutenir une lutte opiniâtre contre les Kirghises.

Ce n'est pas seulement les différences naturelles que présentent les diverses régions sibériennes qui ont influé sur le peuplement de la contrée ; d'autres causes méritent d'être prises en considération. A différentes époques, le gouvernement russe a modifié sa manière de voir à l'égard de la colonisation de la Sibérie, de même que se sont opérés des changements dans les raisons qui déterminaient la migration dans cette contrée des colons de la Russie d'Europe. Au XVIIe siècle, la colonisation de la Sibérie était considérée comme moyen politique propre à établir un lien entre l'État moscovite et ses nouvelles possessions, et, dans cet ordre d'idées, on apportait une attention particulière à la création de points fortifiés : dans le siècle suivant c'est le côté économique de la colonisation qui est passé au premier plan. On a pris des mesures pour peupler les pays situés sur les routes, de manière à en faciliter le parcours ; on s'est occupé d'augmenter la population des localités où se trouvent des exploitations minières, afin de favoriser le développement de cette industrie. Enfin au XIXe siècle, le gouvernement s'est proposé simultanément deux buts : arriver au peuplement des vastes espaces inhabités de la Sibérie, tout en régularisant le mouvement d'émigration des colons de la Russie d'Europe, mouvement qui s'était notablement accentué depuis la suppression du servage en 1861. La réalisation définitive de ces projets n'a pu avoir lieu que dans ces dernières années, grâce à l'activité du Comité du chemin de fer de Sibérie, comme il va être exposé plus loin.

CHAPITRE PREMIER.

Colonisation de la Sibérie aux XVIIe et XVIIIe siècles.

Les premiers colonisateurs de la Sibérie furent ses conquérants. Les détachements que l'État moscovite envoyait en Sibérie se composaient, à la fois, d'hommes publics au service de l'État et de troupes indépendantes de Cosaques. A la suite de ces détachements, marchaient, soit en vertu d'un « oukase », soit de leur initiative propre, des ecclésiastiques, des paysans et des habitants des villes. C'est ainsi que se sont créées plusieurs catégories de colons : au premier rang figuraient les hommes au service de l'État. A leur arrivée en Sibérie, ils étaient répartis entre les garnisons, ou bien ils avaient pour mission de constituer de nouveaux petits détachements pour parcourir le pays. Ils recevaient du Trésor un traitement en argent et en céréales ; ils organisaient quelquefois des exploitations agricoles auprès des localités où ils étaient établis, ou bien s'occupaient de commerce. Après qu'ils eurent pris résidence fixe, ce sont eux, qui, avec les hommes indépendants, qui avaient constitué les détachements chargés de soumettre les indigènes, constituèrent la population cosaque actuelle de Sibérie, qui en temps de paix se distingue très peu par son genre de vie de la population paysanne. En temps de guerre ces agglomérations cosaques se transforment en une puissante force militaire.

Préoccupé de donner à la Sibérie les moyens de produire elle-même le pain qui lui est nécessaire, le gouvernement, dès le XVIIe siècle, a pris toute une série de mesures pour y attirer des agriculteurs des régions voisines de la Russie d'Europe, à l'effet d'y développer la culture des céréales. Le gouvernement

recrutait les paysans pour la colonisation en Sibérie, soit par
appel, soit par voie d'oukases. Ces appels étaient faits principalement dans les villes du nord de la Russie, soit par les autorités locales elles-mêmes, soit par des agents qu'envoyaient les
voiévodes sibériens. Les individus désireux de s'établir sur les
« terres de labour du Souverain » étaient exemptés d'impôts
pendant trois ans et même davantage, et recevaient un secours
pour faire la route et pour s'installer. Les paysans expédiés
en Sibérie par oukase recevaient également un secours de
l'État, soit qu'ils fussent envoyés à titre de prestation de service,
soit comme peine infligée pour délits et crimes.

Concurremment à cette colonisation organisée par l'État, il
s'en développait une autre ayant un caractère populaire et indé-
pendant. Aux xviie et xviiie siècles les principaux éléments
de cette dernière colonisation étaient constitués par les paysans
qui s'étaient enfuis en Sibérie pour se soustraire aux rigueurs du
régime du servage, établi formellement dans la Russie d'Europe
à la fin du xvie siècle. Au xviie siècle, la conscription qui
vient se joindre aux obligations du servage et les persécutions
exercées contre les dissidents religieux provoquent un accroissement dans le chiffre des émigrés. Les autorités sibériennes
eurent à leur égard deux attitudes très différentes au xviie et
au xviiie siècle. Au xviie siècle, le besoin en hommes était
encore si grand dans la contrée nouvellement acquise à la
Russie que, malgré les ordres sévères du pouvoir central de
réintégrer les fugitifs dans leurs foyers, les autorités sibériennes
les laissaient s'établir en Sibérie dans les mêmes conditions
que les autres émigrés. Au xviiie siècle l'administration se
montra beaucoup plus rigoureuse à leur égard, ils allèrent
s'établir dans les endroits les plus reculés, pour se dérober
aux poursuites des autorités.

En ce qui concerne la situation économique de la population
agricole sibérienne qui venait de se former, il faut constater
que, durant le premier quart du xviie siècle, tous les paysans
étaient astreints à labourer « les terres du Souverain ». Ils

recevaient pour ce service une certaine étendue de terre qu'ils pouvaient exploiter. L'étendue du lot de terre du Souverain que les paysans devaient labourer était égal au quart de celui dont ils avaient la possession.

Sous le tsar Michel Feodorovitch (1612—1648), l'exploitation des terres de l'État a été remplacée par l'obligation de fournir au Trésor une certaine quantité de blé. En s'établissant en Sibérie, les paysans, comme il a été dit, étaient libérés de tout impôt pour une certaine période d'années, et recevaient de plus du Trésor une certaine assistance en argent et en approvisionnements. Mais, même après leur établissement, les paysans n'étaient pas privés de l'assistance du gouvernement qui leur venait en aide en leur fournissant, soit du blé, soit des secours en argent dans les années de mauvaise récolte, ou s'ils avaient eu à souffrir des incursions des indigènes de la contrée. D'un autre côté, les paysans étaient soumis à la prestation de toutes sortes de services, tels que la construction de bâtiments et le flottage des bois des domaines de l'État, la réparation et l'entretien des routes, etc. Bien que la prestation de ces services les détournât de leurs occupations agricoles personnelles, on a commencé au xvii⁰ siècle à rencontrer parmi les paysans sibériens des familles assez aisées, dont la propriété avait une étendue s'élevant jusqu'à 70 déciatinas*), qui faisaient des semailles assez considérables et fauchaient jusqu'à 300 meules de foin.

A côté de la population purement agricole apparut en Sibérie une catégorie d'individus qui s'établirent dans les villes et alentours. Leurs principales occupations étaient les différentes branches d'industrie et de commerce, mais beaucoup d'entre eux s'occupaient en outre de culture. Ils étaient soumis à des redevances en argent et à des taxes pour l'exercice du commerce; de plus, ils remplissaient à titre de prestation de ser-

---

*) Une déciatina = 1,09251 hectare.

vice, des emplois dans les douanes, dans les dépôts de blé, dans les « trésoreries du yasak ».

Les déportés constituaient un fort contingent de la population sibérienne. C'est en 1593 que la déportation des criminels en Sibérie a commencé. Elle ne figurait pas alors comme peine spéciale dans le système de répression criminelle de l'époque, et n'était qu'un moyen de préservation pour la métropole et de . colonisation ; ce n'est qu'un 1648 qu'elle fut introduite dans la législation russe à titre de pénalité par le tsar Alexis Mikhailovitch. Les criminels déportés étaient d'habitude accompagnés de leur famille. Arrivés en Sibérie, ils étaient répartis entre les différentes villes et districts, et étaient assimilés, sous le rapport de la situation, au reste de la population locale, suivant la classe à laquelle ils avaient appartenu et celle dans laquelle ils devaient être inscrits après leur condamnation. A côté des déportés russes on trouvait des étrangers qui avaient été faits prisonniers, tels que Polonais, Lithuaniens, Suédois, etc. Ceux des étrangers qui embrassaient l'orthodoxie se fondaient rapidement dans la population russe, et entraient d'ordinaire dans la classe des personnes au service de l'État.

Pendant le xvii* siècle, l'accroissement de la population en Sibérie n'a pu être considérable, ne fût-ce qu'en raison du fait que la population de la Russie d'Europe, d'où partaient les colons, ne dépassait pas elle-même le chiffre de 16 millions d'habitants, c'est-à-dire qu'elle ne comptait pas plus de 4 habitants par kilomètre carré. D'après les calculs de l'historien de la Sibérie, M. Slovtsov, la population sibérienne en 1709 atteignait, en y comprenant les habitants de la région européenne de l'Oural, 229,227 individus des deux sexes, sans compter les indigènes.

En suivant le mouvement de peuplement de la Sibérie au commencement du xviii* siècle, il y a lieu de noter que cette période coïncide avec l'époque où l'État russe a été transformé en Empire, ce qui a amené une tension extrême des efforts de la nation. Les Sibériens furent obligés d'apporter leur contribution aux besoins nouveaux de l'Empire Russe, et c'est pourquoi, en même temps que la Sibérie continuait à se coloniser pendant les trente premières années du XVIIIe siècle, la population de cette contrée subissait des pertes par suite des levées de recrues qui furent faites : ces recrutements ont privé la Sibérie de 28,000 individus. Plus tard toutefois, la conscription a servi à compléter les troupes locales, et à augmenter le contingent des ouvriers employés dans différentes entreprises industrielles et principalement dans les mines. De cette manière, la Sibérie n'a plus subi de pertes dans sa population. En général, malgré cela, durant tout le XVIIIe siècle, non seulement on ne constate pas l'existence d'un plan déterminé pour le peuplement de la Sibérie, mais au contraire on rencontre certaines périodes où il semble que l'œuvre de la colonisation ait été livrée à l'oubli.

Au commencement du XVIIIe siècle, la déportation prend une grande extension, d'une part à cause du manque de place pour les condamnés dans les prisons en Russie, et d'autre part en raison du besoin d'hommes pour peupler la Sibérie. Pierre le Grand introduit deux peines nouvelles, l'envoi aux galères et la déportation aux travaux forcés. Les forçats devaient être envoyés où l'on avait besoin de bras pour les grands travaux publics ; l'État les a employés d'abord dans la Russie d'Europe ; il s'en est servi ensuite pour la construction de forteresses sur la ligne d'Orembourg, et pour le développement de l'industrie minière en Sibérie. Le nombre des déportés en Sibérie a considérablement augmenté après la publication en 1753 de l'oukase de l'impératrice Elisabeth, qui remplaça la peine de mort pour les crimes de droit commun par la mort politique avec déportation en Sibérie à perpétuité. A la fin du XVIIIe siècle les forçats et les condamnés à l'établissement à perpétuité furent envoyés principalement dans la région des mines d'argent de Nertshinsk dans le Transbaïkal.

Il est impossible de faire le compte, même approximatif, du chiffre des déportés en Sibérie au XVIIIe siècle, les archives contenant les données nécessaires à ce sujet ayant péri pour la plupart. On sait seulement que pendant, cette période, la déportation fut appliquée sur une grande échelle : notamment en 1704-1705 à la suite des soulèvements des Cosaques et des Strelytz qui voulaient défendre ce qu'on appelait « le régime ancien » ; en 1711, les Suédois faits prisonniers dans les guerres avec Charles XII furent envoyés en masse de Kazan en Sibérie pour avoir tenté de s'enfuir. En 1729 a été édictée une loi instituant la déportation en Sibérie pour les vagabonds et réfractaires que les propriétaires fonciers refusaient de recevoir de noûveau dans leurs domaines, etc.

Indépendamment des dispositions législatives concernant le peuplement par des criminels des territoires où l'industrie minière pouvait être développée, il a été pris au xviiie siècle des mesures pour mettre à profit les grands avantages que présente la Sibérie pour la culture. En 1760, on donna aux personnes et aux institutions publiques propriétaires de serfs le droit d'envoyer en Sibérie « pour conduite insolente » tous les paysans qu'elles ne voudraient pas garder sur leurs domaines en les inscrivant au nombre des recrues. C'est surtout de cette manière qu'a été peuplée dans la période décennale 1760-1770, la région de la steppe de Baraba jusqu'à Tomsk : une partie de ces déportés s'est établie aussi dans le Transbaïkal.

Le gouvernement a apporté une attention toute spéciale au peuplement de la région des steppes méridionales de la Sibérie pour y assurer la domination russe. Des Cosaques des contrées du sud de la Russie d'Europe y ont été transportés.

Les voies de communication en mauvais état et traversant d'immenses espaces déserts rendaient très difficiles les relations dans l'intérieur de la Sibérie, aussi le gouvernement russe se préoccupe de peupler les pays situés sur leur parcours. Dans la seconde moitié du xviiie siècle, on dissémina les déportés le long des grandes routes reliant les villes importantes de Tobolsk—Irkoutsk—Nertshinsk ; d'Irkoutsk et Kiakhta ; d'Yakoutsk et Okhotsk. Si les tentatives de peupler le territoire compris entre ces deux dernières villes n'ont pas donné de résultats satisfaisants, en raison de la rigueur du climat, par contre, la colonisation par les déportés des localités situées sur le parcours de la route traversant la steppe de Baraba a réussi.

Il est difficile de dire tout ce que la Sibérie a dû pendant le xviiie siècle, sous le rapport de son peuplement, à cette partie du peuple russe qui est venue dans cette contrée chercher un refuge contre les rigueurs du régime du servage. Toutefois, on peut juger du nombre des fugitifs par celui des oukases qui furent lancés pour les obliger à rentrer dans leurs anciens foyers.

Le gouvernement fut obligé parfois de fermer les yeux sur cette émigration, en raison du besoin d'ouvriers pour les travaux des mines et de la nécessité de renforcer l'effectif des troupes de la Sibérie. Même, en 1744, il fut décidé qu'on inscrirait à perpétuité dans les rôles des troupes cosaques les fuyards qui avaient été admis dans ces troupes. Il est certain que si l'identité de certains fugitifs a pu être constatée, un certain nombre d'entre eux ont réussi à cacher la leur, et à obtenir leur admission dans les communautés rurales de la Sibérie.

Indépendamment des émigrés provenant de la Russie d'Europe, le gouvernement, à mesure que s'est développée l'industrie des mines, s'est servi de la population sibérienne elle-même pour coloniser certaines régions de la Sibérie, et particulièrement celles où se trouvent les grandes exploitations minières. C'est ainsi qu'en 1749 ordre a été donné d'établir sur l'emplacement des grandes mines d'Altaï tous les paysans qui s'étaient présentés après le recensement; en 1761 il, fut prescrit de lever dans la Sibérie Occidentale 1,000 recrues pour les travaux miniers de l'Altaï. Le peuplement des exploitations minières de cette dernière région a marché rapidement, et en 1761 elle comptait déjà près de 11,000 habitants. Le gouvernement a apporté encore plus de soins à peupler le district de Nertshinsk. Outre l'établissement dans les exploitations minières de ce district des individus provenant de régions lointaines de la Sibérie, on a eu recours à l'inscription forcée, c'est-à-dire qu'on soumit à l'autorité des chefs de ces exploitations les habitants des localités voisines. Cette mesure a eu souvent pour effet de maintenir une partie de la population dans les localités rapprochées des mines et des usines. En 1761, toute la population des districts de Tomsk et de Kousnets a été inscrite dans les rôles des exploitations minières de l'Altaï. De même en 1775, l'inscription dans les rôles des mines de Nertshinsk a été étendue à presque toute la population de la région ; en 1794, le chiffre de la population inscrite dépassait 14,500 individus.

Le total de la population sibérienne, d'après les calculs du sixième recensement (1796—1797) et d'après d'autres données, atteignait pour la Sibérie Occidentale jusqu'à l'Yénisseï le chiffre de 707,185 habitants des deux sexes parmi lesquels 575,756 étaient de race russe : la population urbaine n'est pas comprise dans ce chiffre. La répartition de la population entre les différentes parties de la Sibérie Occidentale n'était pas égale ; la proportion diminuait à mesure qu'on avançait vers le Nord et vers l'Est ; la plus grande densité de population était dans la partie sud de la Sibérie Occidentale. Pour ce qui est de la région sibérienne qui constitue à présent la province d'Irkoutsk, sa population, d'après les calculs du sixième recensement, atteignait 110,000 individus.

Il est difficile d'apprécier actuellement l'exactitude des ces chiffres. Si l'on évalue même à 500,000 individus des deux sexes la population russe de la Sibérie à la fin du xviiie siècle, et si l'on considère d'autre part qu'à la fin du xviie siècle elle ne s'élevait guère qu'à 200,000 ; tenant compte également du fait que les individus arrivés en Sibérie durant le siècle dernier étaient en majeure partie dépourvus de famille, et ne s'y mariaient guère en raison du petit nombre de femmes russes qu'ils rencontraient dans cette contrée, on doit en conclure que l'accroissement considérable de la population sibérienne pendant cette époque est dû à la colonisation par les éléments venus dudehors.

CHAPITRE II.

Colonisation de la Sibérie pendant la première moitié du XIXe siècle. 1799-1861.

En passant à la colonisation de la Sibérie au XIXe siècle, on constate que la première moitié de ce siècle marque une transition entre l'ancien système colonisateur qui avait en vue l'intérêt de la contrée elle-même, et un régime nouveau conciliant cet intérêt avec ceux des colonisateurs. Ce changement dans la tactique du gouvernement eut pour cause en grande partie l'insuccès des mesures spéciales dont le but était d'employer à la colonisation de certaines localités principalement des individus dont le transport en Sibérie avait un caractère forcé.

Parmi les dispositions législatives de ce genre, il faut mentionner comme offrant un intérêt particulier l'oukase de 1799 relatif au peuplement du Transbaïkal. Cet oukaze était motivé par la nécessité d'accroître la population de la zone méridionale du territoire du Transbaïkal, à l'effet d'y développer l'agriculture et l'élevage des bestiaux et d'y organiser des fabriques de drap et de jute pouvant favoriser l'extension du commerce russe avec la Chine. L'oukase en question contenait de prescriptions précises sur la manière dont devait être formée le contingent des colons, et sur leur mode d'installation en Sibérie. Le total de ces colons était fixé à 10,000 individus pris parmi les soldats ayant fini leur temps de service, les criminels, à l'exception des condamnés aux travaux forcés, et les serfs livrés par les propriétaires en compte des recrues qu'ils devaient fournir. A tous ces individus, lors de leur établissement au delà du Baïkal, on fournissait les instruments agricoles nécessaires, des semences, du bétail et des approvisionnements de blé, ils étaient libérés de tout impôt pour une durée de dix ans.

La mise à exécution de l'oukase de 1799 a rencontré toutefois des difficultés très grave dans la pratique, les moyens de transport manquaient d'organisation ; un grand nombre de colons n'ayant pas la possibilité d'arriver jusqu'au Baïkal, demeurèrent sur toute l'étendue de la route depuis l'Oural jusqu'à Irkoutsk. En 1806, le gouvernement a dû renoncer à mettre à exécution son projet, il autorisa l'établissement dans la Sibérie Occidentale de la plus grande partie des colons dirigés antérieurement sur le Transbaïkal, et en 1805 il n'y avait encore dans ce pays que 600 émigrés environ. Bientôt après cette loi, en ont été édictées d'autres concernant la colonisation par voie de déportation du district de Touroukhansk de la province de Tomks et d'une localité située sur le parcours entre Okhotsk et Irkourtsk.

Aucune de ces mesures colonisatrices n'a donné cependant de bons resultats, et cela non seulement pour des motifs d'un caractère local, tels que la rigueur du climat et la cherté des moyens d'existence, mais encore parce que, lors de l'établissement des colons dans une région, on ne tenait pas compte des conditions dans lesquelles ils avaient vécu dans leur pays d'origine. Si l'on ajoute à cela l'organisation très défectueuse du mode de transport des déportés en Sibérie, ainsi que l'incurie des organes inférieurs de l'administration qui étaient chargés de leur installation, on comprendra combien il était difficile aux nouveaux venus de s'assimiler à la population locale.

Durant la période décennale 1820-1830, le gouvernement a fait une tentative pour organiser la déportation en Sibérie, de telle sorte que tout en lui conservant son caractère de mesure de répression, il soit possible d'en tirer parti pour l'œuvre de la colonisation. C'est dans ce sens qu'a été élaboré le « Règlement sur la déportation », édicté en 1822 sur l'initiative du gouverneur général de la Sibérie, Spéransky (plus tard créé comte). Contenant des indications détaillées au sujet du transfert des déportés, ce règlement a eu pour effet de consacrer législativement les deux caractères de la déportation en Sibérie, savoir l'envoi aux travaux forcés et l'envoi pour établissement forcé. La majeure partie des individus appartenant à la seconde catégorie de déportés, c'est-à-dire ceux envoyés pour établissement forcé, devait être répartis entre les villages peuplés par les anciens du pays, et les « villages de l'État » créés pour la commodité de communications dans les régions peu habitées.

En exécution de ce règlement, il fut organisé dans les provinces de l'Yénisseisk et d'Irkoutsk des colonies de déportés dont les habitants purent être traités sur les bases du droit commun après que leur situation fût mise en accord avec celle de la population paysanne locale. En exposant le rôle de la déportation dans la colonisation de la Sibérie ou pendant la première moitié du xix^c siècle, on constate que les individus déportés bien que leur nombre, durant la période 1823 - 1862, ait dépassé le chiffre de 356,000, n'ont pas eu une influence notable sur l'accroissement de la population. Ce fait a son explication dans les mauvaises conditions où se faisait la déportation elle-même, dans la nature des individus que l'on déportait et leur degré d'âge et surtout dans les difficultés des rapports sexuels au xvii^o et même au xviiie siècle. C'est pourquoi la déportation qui avait été un important facteur de colonisation au xvii^o et au xviii^o siècle vit son action diminuer considérablement au xix^o. En même temps, plus le nombre des déportés augmentait, plus la population ancienne de la région leur devenait hostile, elle refusa constamment de conclure des mariages avec ces nouveaux venus. Pendant le second quart du xixe siècle, le gouvernement jugea qu'il devait renoncer à faire coloniser par les déportés certaines régions de la Sibérie ; l'afflux constant des déportés dans certaines localités commençait à éveiller les appréhensions administratives, tant à cause de leur influence nuisible sur le reste de la population que pour des considérations d'ordre strictement policier.

L'impossibilité de donner pour base à la colonisation de la

Sibérie l'élément déporté avait été reconnue par l'auteur du
Règlement sur la déportation, Spéransky, qui avait attiré l'attention sur la nécessité pour le gouvernement de provoquer des
émigrations volontaires de la part des paysans des domaines
de l'Etat. Spéransky voyait là un moyen de faciliter le peuplement de la contrée, tout en donnant aux paysans des province-
où la terre faisait défaut les terrains qui leur étaient nécessaires.

Conformément à la proposition de Spéransky, l'Empereur
Alexandre Ier, en 1822, rendit un oukase qui autorisait les pays
sans dans toutes les provinces du domaine de l'Etat à émigrer
en Sibérie, et accordait le même droit aux anciens habitants
des provinces sibériennes dans les limites de ces provinces. En
vertu de cet oukase, les chambres de finances ne pouvaient
délivrer les autorisations d'émigrer qu'autant que les émigrés
s'étaient libérés de leurs arriérés. Une fois arrivés en Sibérie,
faculté leur était laissée, soit de s'inscrire dans les communautés rurales de la population ancienne du pays, soit de s'établir dans des endroits jusque là inhabités.

Cet oukase de 1822 introduit une modification importante
dans la législation russe ; il accordait à la population des provinces de l'intérieur de l'Empire, qui sous le rapport de la
possession des terres n'était pas liée par une dépendance per-
sonnelle vis-à-vis des propriétaires fonciers, la faculté de pouvoir se déplacer.

Cette disposition a eu un retentissement considérable sur la
colonisation de la Sibérie et marque une nouvelle étape dans
don histoire ; on abandonnait désormais le système de la
déportation.

L'oukase de 1822 imposait au gouvernement le soin de procurer des terres aux paysans émigrés, sa principale préoccupation fut de dresser un état du sol dont il pouvait disposer.

Cette tâche n'a pu être menée à bonne fin, les autorités de
la Sibérie manquaient de données cadastrales et, d'autre part,
les calculs des arpenteurs qui servirent de bases aux rapports
ses autorités manquaient d'exactitude.

Mais si les résultats de la colonisation de la Sibérie par les voies gouvernementales, au commencement du xixᵉ siècle, ne peuvent être considérés comme appréciables, la colonisation spontanée a continué avec succès. Indépendamment des indications isolées dont on dispose, les cas de fuite en Sibérie des serfs des provinces de l'intérieur de l'Empire, on a vu se produire durant la période décennale 1820-1830 des migrations volontaires des paysans des domaines de l'Etat. On a constaté d'autre part, de 1830 à 1840, un mouvement de migration contraire de la part des paysans qui s'étaient rendus en Sibérie et qui rentrèrent dans leurs anciens foyers, par suite du mauvais choix des lots de terrains où ils s'étaient établis, et aussi des difficultés qu'ils avaient rencontrées en matière de droit de propriété avec la population ancienne : de 1824 à 1834, sur 4,847 émigrés qui s'étaient transportés de la province d'Orembourg dans le territoire d'Omsk, 1,564 rentrèrent dans leurs foyers primitifs.

La question de l'organisation des migrations paysannes en Sibérie, dans la période 1830-1840, ne fut l'objet que d'études restreintes ; elle se trouva considérablement élargie après la création, en 1838, du Ministère des Domaines, dont une des fonctions principales fut l'administration des paysans appartenant à l'Etat. A la tête de ce Ministère a été placé le lieutenant-général Kiselev, élevé ensuite au rang de comte. Partant de ce principe qu'il y avait lieu d'accorder aux paysans toute l'assistance possible en vue d'élever le niveau de leur bien-être matériel et de leur développement moral, Kiselev a apporté une attention toute spéciale aux migrations paysannes.

Cet homme d'État a profité de la tendance des paysans insuffisamment dotés en terre à se porter dans des contrées lointaines, pour arriver à améliorer la situation de ceux d'entre eux qui demeuraient sur leurs anciens lots de terre et en même temps pour coloniser les régions éloignées. Le Ministère des Domaines de l'Etat a exercé une grande influence sur la colonisation de la Sibérie ; il a étendu à tous les colons sibériens les privilèges accordés par les règlements de 1824 et 1841 aux paysans qui changeaient de lieu d'établissement dans la Russie d'Europe. Ces règlements attribuaient aux paysans des Domaines qui avaient reçu l'autorisation de quitter leurs lieux d'établissement l'assistance du gouvernement, soit pendant leur route, soit pour s'établir dans des localités nouvelles, dispositions très importantes pour les colons.

Outre ces mesures destinées à provoquer le mouvement d'émigration le ministère s'est préoccupé de mettre en rapport, dans la mesure du possible, le chiffre total des émigrants avec la quantité des terrains de l'État disponibles qui étaient connus et arpentés. C'est dans ce but qu'a été créé en 1837 un organe spécial sous la dénomination de bureau d'arpentage de Sibérie, qui fut chargé de déterminer les lots de terrains propres à recevoir les émigrants.

Le mouvement de migration des paysans en Sibérie a commencé aussitôt après la mise en vigueur de ces règlements, il s'est continué pendant tout le temps de l'administration du comte Kiselev, c'est-à-dire jusqu'en 1856.

Les paysans de l'État désireux d'émigrer en Sibérie étaient appelés en conformité des circulaires spéciales publiées par le Ministère des Domaines : ces circulaires fixaient parfois la moyenne du chiffre des familles qui auraient à émigrer des différentes provinces. En 1855, l'activité du Ministère s'est portée sur la Sibérie Occidentale (province de Tobolsk et majeure partie de la province de Tomsk) où ont été installés plus de 70,000 individus du sexe masculin, et aussi à la province d'Yénisseisk, où en 1858 le nombre des immigrants a atteint presque le chiffre de 6,000 individus du même sexe. Le chiffre des paysans expédiés annuellement en Sibérie dépendait des rapports présentés par l'administration locale au sujet de l'étendue des terrains disponibles, et du montant total des subsides dont le Trésor pouvait disposer pour les colons. L'activité du Ministère des Domaines dans la colonisation de la Sibérie, malgré les difficultés qu'il rencontra dans l'établissement des colons par suite des erreurs et des irrégularités souvent coupables des agents du service d'arpentage, a donné des résultats considérables : de nombreux villages fondés en Sibérie par le comte Kiselev ont atteint une grande prospérité grâce à l'assistance qui leur a été prêtée, et comptent aujourd'hui au nombre des agglomérations paysannes sibériennes les plus florissantes.

Parallèlement à la colonisation gouvernementale de la Sibérie s'est développé le peuplement de cette contrée par des colons venus spontanément de la Russie d'Europe sans s'être soumis à aucune prescription gouvernementale : constituant la « colonisation libre ». Bien que, d'après la loi, ces paysans n'eussent aucun droit de s'établir sur des terres de l'État, le gouvernement a pris en considération que leur réintégration forcée dans leurs foyers primitifs aurait pour résultat leur ruine complète sans apporter aucun avantage au Trésor. Pour cette raison, des lots de terres furent délivrés à ces colons, à l'instar des autres émigrants sans toutefois les faire bénéficier des privilèges et des subsides pour frais d'établissement accordés à ceux qui étaient en règle vis-à-vis de la loi. Outre ces paysans, qui dès leur arrivée en Sibérie étaient aussitôt connus de l'administration locale, il y avait encore une autre catégorie de colons formant ce qu'on appelle « la colonisation arbitraire » ; ces individus s'établissaient très loin de toute habitation, en dehors du contrôle des autorités locales : les hameaux qu'ils fondaient étaient découverts parfois au bout de dix ans et plus, la plupart du temps lorsqu'on procédait à l'arpentage des terrains que l'administration considérait comme inoccupés.

L'assistance donnée par le gouvernement à l'œuvre du peuplement de la Sibérie par les paysans des domaines de l'État, durant la période 1850-1860, a presque entièrement cessé après que le comte Kiselev eût quitté le ministère. Ce changement dans les dispositions du gouvernement à l'égard des émigrants s'explique en partie par les vues nouvelles apportées au Ministère des Domaines par Mouraviev, le successeur du comte

Kiselev ; mais il a été déterminé principalement par la préoccupation d'une question d'une portée beaucoup plus étendue, et d'une solution bien plus urgente : celle de l'émancipation des serfs appartenant aux propriétaires fonciers.

En même temps que continuait dans la Sibérie Occidentale l'établissement des colons provenant des provinces intérieures de l'Empire, les uns appelés par le gouvernement, les autres venus volontairement, les limites des possessions russes s'avançaient dans les profondeurs des steppes kirghises par le Sud-Ouest.

Ce résultat fut obtenu grâce aux mesures prises par le gouvernement pour favoriser l'assimilation des indigènes avec les cosaques, principaux représentants de l'élément russe dans cette partie de la Sibérie, et au renforcement de l'effectif des détachements des troupes cosaques sibériennes, cantonnées près des points fortifiés dans la steppe kirghise. Les premiers colonisateurs de cette steppe fûrent précisément ces détachements cosaques, établis durant la période 1830-1840 près des points fortifiés, à l'effet de constituer des agglomérations d'habitants avec résidence fixe. Cette extension de l'autorité russe dans la steppe kirghise n'a pas été sans provoquer des mécontentements parmi les familles indigènes les plus influentes, et à la fin de la période 1830-1840 éclata une révolte qui a duré plus de dix ans.

Pour mettre fin à cette agitation, le gouvernement, à la fin de la période décennale suivante augmenta la population russe de la contrée, en attirant dans la steppe des colons pris parmi les paysans de la Russie d'Europe, en les assimilant aux cosa-ques et en leur fournissant des subsides pour leur premier établissement. Malgré cela, la colonisation n'a nullement progressé jusqu'à la période 1880-1890 ; le gouvernement russe dans la région sud de la Sibérie (contrée du Turkestan) s'est borné à une action préparatoire de colonisation en assurant la pacification complète des peuplades kirghises. Cette pacification fût hâtée par la défaite complète en 1864 des Khokands qui avaient fait incursion dans les possessions russes ainsi que

par la création, l'année suivante, d'une nouvelle unité administrative, le territoire du Turkestan, entre la mer d'Aral et le lac
Isyk-koul.

A l'extension graduelle des possessions russe dans la steppe
kirghise a correspondu, comme on l'a vu plus haut, un mouvement analogue sur les confins orientaux de la Sibérie; le
vaste territoire situé dans le bassin de l'Amour, une des plus
importantes artères de l'Asie Orientale, fut annexé à la Russie.

La colonisation de cette contrée durant la période 1850-1860
a été entreprise par des cosaques du Transbaïkal et les paysans
du domaine de l'État venus des provinces extérieures de l'Empire; à ces derniers on accorde des privilèges importants pour
leur établissement. Le mouvement d'émigration se répandit
tout d'abord dans les vallées de l'Amour et ses deux affluents
la Zea et la Bourea, et ensuite dans la partie méridionale de la
province maritime actuelle, la région sud de l'Amour.

Le transfert des paysans à travers tout le continent asiatique
aux frais de l'Etat occasionnant de trop lourdes dépenses, le
gouvernement résolut en 1861 d'y mettre fin; les colons durent
se rendre sur le territoire de l'Amour, de leur plein gré, et
faire la route à leur propre compte, ils ne devraient plus avoir
comme privilège que l'exemption d'impôts après leur arrivée
dans le pays.

C'est ainsi qu'à la fin de la période 1850-1860, se sont établis
les courants de peuplement de la Sibérie tels qu'ils existent
encore actuellement. Si la colonisation de la contrée de l'Amour
et des territoires des steppes sibériennes se trouvait alors dans
le premier stade de son développement, la Sibérie Occidentale
était devenue déjà un centre important de colonisation soit par
voie gouvernementale, soit par la voie d'émigration indépendante. A la même époque, dans la province d'Irkoutsk et le
territoire actuel du Transbaïkal, la population émigrée se composait presque exclusivement de déportés; quant à la population
qui s'était rendue dans ces contrées de son plein gré elle appar-
tenait à la catégorie des « réfractaires » ou des « vagabonds »

intéressés à éviter tout contact avec les organes administratifs. Ainsi qu'il a été dit au début de ce chapitre, la première moitié du xıxᵉ siècle marque dans l'histoire de la colonisation de la Sibérie par voie gouvernementale une époque de transition. Aux xvııᵉ et xvıııᵉ siècles, l'État plaçait au premier rang les intérêts de la contrée colonisée; la période de transition une fois terminée, la question, de la colonisation de la Sibérie a été mise, à la fin du xıxᵉ siècle, en connexité étroite avec la règlementation du mouvement d'émigration qui se produit dans les régions les plus peuplées de la Russie d'Europe.

Après que s'est achevée l'évolution de la politique colonisatrice de l'Empire dans cette direction, évolution qui avait commencé avec le comte Spéransky et s'était affirmée sous le ministère du comte Kiselev, il y a eu une époque où le gouvernement a pris à l'égard de la question sibérienne une attitude passive dont s'est ressentie la colonisation par les voies administratives.

Les causes générales de ce changement dans la conduite du gouvernement seront expliquées dans le chapitre suivant, au cours de l'exposé de l'histoire du peuplement de la Sibérie dans les quarante dernières années du xıxᵉ siècle.

CHAPITRE III.

Colonisation de la Sibérie durant la période 1861-1899.

La dernière période de l'histoire du peuplement de la Sibérie a commencé après l'abolition du servage : elle se distingue de toute l'époque antérieure par le développement considérable qu'a pris le mouvement de colonisation par le peuple même, mouvement qui a reçu ensuite une large extension, grâce à la construction du chemin de fer de Sibérie. Les causes qui ont motivé cet accroissement sont généralement d'ordre purement économique. Une des plus importantes, c'est que, durant ces 40 dernières années, l'accroissement de la population qui a atteint le chiffre de 50 0/0 n'a pas été en rapport avec l'augmentation des terres des paysans demeurée très faible. Ce phénomène a eu des conséquences particulièrement fâcheuses pour les paysans des provinces où la culture était le principal et presque le seul moyen d'existence de la population.

Dans la période qui suivit de près l'émancipation, le gouvernement parut ne pas les comprendre; il ne reconnut pas la nécessité impérieuse qu'il y avait pour la population rurale à se porter vers d'autres régions et il sembla se désintéresser de la question de l'émigration. Cette attitude des pouvoirs résultait de la conviction établie dans le gouvernement pendant les riodes décennales 1860-1870 et 1870-1880, que les paysans étant rendus indépendants n'avaient plus besoin de la tutelle administrative. Jusque vers 1880, on ne s'est presque pas préoccupé de donner une forme régulière aux migrations paysannes, La seule exception à cet égard fut l'autorisation d'établissement sur les terres de l'État donnée à un petit nombre de paysans, qui avaient été relativement mal partagés en terres lors de la grande réforme de 1861.

L'indifférence du gouvernement russe à l'égard de la question des migrations paysannes à cette époque a exercé ses effets sur la colonisation de la Sibérie, qui ne fût l'objet d'aucune disposition législative de 1861 à 1881, à part le décret de 1865 autorisant les paysans à s'établir sur les terres du ressort du Cabinet de l'Empereur, dans le district d'Altaï de la province de Tomsk.

Cependant, le mouvement de migration des paysans au delà de l'Oural a continué ; et en 1868, le nombre des émigrants qui s'étaient transportés dans la Sibérie Occidentale sans y avoir été dûment autorisés a dépassé 8,000. Par leurs déplacements fréquents nécessités par la recherche de terrains libres, ces paysans ont créé de nombreuses difficultés à l'administration locale. En raison de l'impossibilité de faire revenir dans la Russie d'Europe cette grande quantité d'émigrants dont les moyens d'existence n'étaient pas assurés, autorisation a été donnée en 1876 d'inscrire dans les communautés rurales sibériennes tous les paysans qui s'étaient rendus en Sibérie sans s'être mis en règle vis-à-vis de la loi. Le mouvement redoubla d'intensité, et, au commencement de la période 1880 - 1890, il prit des dimensions si grandes que le gouvernement, en 1881, jugea opportun de prendre des dispositions temporaires pour réglementer ces migrations.

Les Ministères de l'Intérieur et des Domaines reçurent la faculté d'autoriser l'émigration de tous les individus de la classe paysanne dont la détermination avait pour cause leur situation économique en les libérant de certaines formalités qui jusque là mettaient obstacle à ce qu'il fût donné satisfaction à leur demande. Les terrains libres dans les provinces orientales de la Russie d'Europe et dans la Sibérie avaient été choisis comme lieu d'établissement pour ces colons. Après ces dispositions temporaires, le Ministère de l'Intérieur procéda à l'élaboration des bases sur lesquelles devait être rédigée la loi sur l'émigration qui a été publiée le 13 juin 1889.

Cette loi qui a été la conséquence du changement qui s'était produit dans les vues gouvernementales au sujet des migrations paysannes, à la suite de leur accroissement continu, avait pour but de diminuer parmi les paysans l'intensité du mouvement de colonisation « arbitraire » qui, à partir de 1880, avait pris de si grandes proportions. C'est à cet effet que la loi de 1889 a ouvert la voie de l'émigration à tous les individus appartenant à la classe des paysans et des petits bourgeois (messhané). Les personnes autorisées à émigrer par les Ministères de l'Intérieur et des Domaines ont droit à des lots de terrains sur les propriétés de l'État dans la Russie d'Europe et en Sibérie ; ces ots leur sont donnés en jouissance permanente.

La loi de 1889 ayant pour but d'assurer l'existence des colons sur les terrains qui leur étaient concédés, interdiction était faite de les vendre ou de les charger de dettes ; on avait prévu une assistance pour les situations difficiles. Les Ministères de l'Intérieur, des Finances et des Domaines avaient la faculté de venir en aide aux émigrants nécessiteux, en leur délivrant des secours pour leur voyage jusqu'à leur destination, et en leur fournissant, après leur arrivée sur les lieux, des avances pour frais de premier établissement, acquisition de bétail et d'instruments agricoles. Les nouveaux venus pouvaient également recevoir pour leurs exploitations des matériaux de construction pris dans les forêts de l'État. Ils étaient de plus libérés du paiement des impôts au Trésor, ainsi que de tout fermage pendant trois ans pour les terres qui leur étaient délivrées en Sibérie, et il était fait sursis à leurs obligations en matière de service militaire.

Enfin, en outre de la détermination du caractère et de l'étendue des privilèges concédés aux émigrants, la loi de 1889 contenait des dispositions relatives à l'inscription dans leurs nouveaux lieux d'établissement des paysans et petits bourgeois qui avaient émigré arbitrairement dans les provinces orientales de la Russie d'Europe et dans la Sibérie Occidentale.

Les deux lois de 1881 et de 1889, en posant les principes généraux auxquels le gouvernement voulait se référer dans la question de l'émigration, ne contenaient pas de dispositions entrant dans le détail; aussi n'ont-elles pas donné tous les résultats que l'on attendait.

Le nombre des émigrants continua cependant à augmenter ; après avoir atteint en 1885 le chiffre de 9,700, il s'est élevé à 33,700 en 1890.

Le transfert de ces individus s'est opéré dans les conditions les plus défavorables. Après avoir traversé la Russie d'Europe en chemin de fer, et franchi la chaîne de l'Oural, les paysans parcouraient en chariots les routes sibériennes, ou étaient conduits dans des barques remorquées par les vapeurs desservant les rivières du bassin de l'Obi ; ce dernier mode de transport présentait de graves inconvénients en raison du peu de développement de la navigation à vapeur dans le pays. Les émigrants restaient amassés près des embarcadères sibériens. attendant de pouvoir trouver place sur les vapeurs et les grandes barques. Fatigués par une longue route, ils étaient souvent obligés de passer plusieurs semaines en plein air dans les conditions d'hygiène les plus défavorables. Ils étaient bientôt atteints par les maladies qui, en raison de l'organisation insuffisante du service médical, faisaient de nombreuses victimes surtout parmi les enfants. Ces maux s'exagéraient encore lorsque les émigrants suivaient les rivières de la Sibérie Occidentale sur des vapeurs et des barques encombrés de passagers.

Pour remédier à ces défauts dans l'organisation de l'émigration en Sibérie, il a été pris durant les années 1880-1890 des mesures pour abaisser le coefficient de maladie et de mortalité parmi les émigrants, et améliorer les conditions de transport. On a institué, en 1881, à Batraky, province de Simbirsk, un bureau dit des émigrés qui a pour mission de délivrer des subsides pour la route et des secours médicaux. Des attributions analogues ont été assignées à des employés spéciaux, qui ont été installés, en 1884, dans les villes se trouvant sur les grandes routes suivies par les émigrants : à Samara, Oufa, Orembourg et Tomsk. Ces employés étaient chargés de fournir aux émigrants des indications au sujet de la route à suivre, et de donner aux plus nécessiteux des subsides pris sur les fonds du Ministère de l'Intérieur. Indépendamment de l'assistance gouvernementale, des sociétés ou comités privés se sont constitués dans le même but durant les années 1880-1890 dans certaines villes telles que Tumen, Tomsk, Irkoutsk, et en 1890, à Saint-Pétersbourg. Ces sociétés fournissaient aux colons des secours médicaux, organisaient pour eux des installations provisoires dans des baraquements, et couvraient les frais de voyage des plus pauvres. Le principal obstacle à l'extension de l'activité de ces sociétés a été l'insuffisance de leurs ressources qui provenaient exclusivement de donations de particuliers. C'est ainsi qu'à la fin de la période 1880-1890 le comité de Tumen ne pouvait plus abriter dans ses baraquements qu'un dixième au plus des émigrants qui traversaient la ville.

Ces défectuosités dans l'organisation du mouvement d'émigration sont devenues de plus en plus sensibles pour les émigrants à mesure que s'est accru leur nombre.

Le mouvement d'émigration prit des proportions considérables à la suite des mauvaises récoltes des années 1891-1892, qui avaient affecté un grand nombre de provinces de la Russie d'Europe : le chiffre des émigrants de la classe paysanne durant ces deux années a été de 148,000, alors qu'en 1890, ce chiffre n'avait été que de 33,700.

A leur arrivée en Sibérie, les émigrants se heurtaient à des difficultés de toutes sortes. D'une part, même après la publication de la loi de 1889, il se glissait parmi les émigrants réguliers un nombre considérable d'individus rentrant dans la catégorie des émigrants arbitraires, c'est-à-dire n'ayant pas le droit d'être établis sur les terres de l'État. D'autre part le courant des émigrants allait plus vite que les travaux destinés à déterminer les lots de terrain qui pouvaient leur être attribués ; le personnel d'arpenteurs qui avait été constitué en 1885 pour la Sibérie Occidentale était débordé et hors d'état de suffire à la tâche toujours plus lourde qui lui était imposée. En 1892, la quantité des terrains à répartir entre les émigrants s'est trouvée épuisée, et l'on a été placé dans la nécessité de surseoir temporairement à la délivrance d'autorisations d'émigration. Malgré cette mesure restrictive le mouvement d'émigration ne s'est pas arrêté, et, en 1893, il a atteint le chiffre de 65,000 individus

Ainsi, malgré l'existence de la loi de 1889, qui avait eu pour but de la réglementer, l'émigration conservait toujours son caractère désordonné éludant les prescriptions gouvernementales et la colonisation de la Sibérie n'en pouvait tirer tous les résultats désirables.

En présence de cette situation, le gouvernement s'est trouvé dans l'obligation de procéder à une réorganisation de l'œuvre de colonisation en Sibérie. Il jugea qu'il convenait de confier le soin de régulariser le mouvement d'émigration à un organe spécial qui, par sa situation et son personnel, fut à même de dresser un plan d'ensemble dont l'exécution dans les différentes parties appartiendrait aux divers ministères, chacun en ce qui le concernerait.

Le problème de l'émigration se posait d'une manières d'autant plus impérieuse que, grâce à la construction du chemin de fer transsibérien, la Sibérie était entrée dans le mouvement économique et social de l'Empire.

Il devenait nécessaire d'établir un lien étroit entre les mesures destinées à régulariser le mouvement migratoire en Sibérie et celles qui avaient pour but le développement des forces productives de cette contrée.

Ce résultat a été atteint grâce à la création, par l'ordre de l'Empereur Alexandre III, du Comité de chemin de fer de Sibérie. Institué en décembre 1892 sous l'auguste présidence de l'Héritier du trône, l'Empereur Nicolas II actuellement régnant, et composé des hauts dignitaires placés à la tête des grandes administrations dont dépend la construction du chemin de fer de Sibérie et les entreprises qui s'y rattachent, ce Comité a pour tâche de donner à l'œuvre l'unité de direction. Parmi les questions soumises à l'examen du Comité, est placée au premier rang, d'après la volonté de l'Auguste Créateur du Transsibérien, celle de la colonisation de la région traversée par la ligne. Afin de faciliter l'accomplissement de cette tâche si complexe, il a été instituée en 1893 près du Comité une commission spéciale de travaux préparatoires qui a entre autres attributions, l'examen des projets émis par les différentes administrations au sujet des affaires d'émigration, et des questions voisines. Cette commission est chargée de la préparation du budget des dépenses pour les œuvres ayant un caractère préparatoire, dépenses qui sont couvertes par un fonds spécial, constitué en 1892 au montant de 36,000,000 francs et élevé en 1897 au chiffre de 55,000,000 francs. Font partie de la commission sous la présidence du Secrétaire d'État Koulomzine, membre du Comité du chemin de fer Transsibérien, les représentants des différentes administrations chargés d'apporter leur concours dans les travaux du Comité. Prennent part en outre aux délibérations de la commission, des personnes qui, par leur position et la nature de leurs fonctions au service de l'État, peuvent contribuer à l'examen le plus étendu des questions soumises à l'appréciation du Comité.

Après la création du Comité du grand Transsibérien, la question de l'émigration en Sibérie fut traitée avec bien plus de soins que par le passé. De 1893 à 1900 le mouvement migratoire atteignit des proportions encore plus considérables que les années précédentes. Ainsi, en 1896, le nombre des émigrants se chiffrait à 203,000 personnes des deux sexes, en 1897 à 87,000 en 1898 à 206,000, et enfin en 1899 à 225,000. Quant à la réparatition de ces émigrés en Sibérie, la moitié d'entre eux se dirigeait vers la province de Tomsk, où les attirait la fertilité du district de l'Altaï dans la partie méridionale de cette province ; les autres choisissaient de préférence les provinces de Tobolsk, de l'Ynisseisk et d'Akmolinsk.

Le principe sur lequel se sont réglés dans la question de l'émigration le Comité et la commission de travaux préparatoires a été l'avis exprimé par l'Auguste Président du Comité, qu'il y avait lieu d'envisager l'émigration paysanne sans appréhension particulière ; l'action gouvernementale devait être dirigée de manière que les émigrants eussent davantage conscience de leurs actes et que l'émigration reçût une organisation plus régulière.

En étudiant l'étendue et le caractère du mouvement migratoire, le Comité se rendit compte que l'émigration des paysans des provinces de la Russie d'Europe où il y a insuffisance de terres ne pouvait avoir d'influence défavorable sur le développement économique de ces provinces, ce nombre des émigrants étant insignifiant comparativement à l'accroissement de la population qui atteint annuellement le chiffre de 1 1/2 million d'individus. Le Comité a constaté l'influence bienfaisante exercée par l'émigration sur le développement politique et économique de la Sibérie, en y introduisant la civilisation russe, et en affermissant l'union entre la Russie d'Europe et les possessions asiatiques de l'Empire. Le Comité fut d'avis qu'il y avait lieu de veiller à ce que le mouvement migratoire des paysans eût le moins de contre-coup possible sur leur situation économique.

Comme conséquence de ces observations, le Comité du chemin de fer de Sibérie a pris, durant les années 1893 - 1899, toute une série de dispositions pour développer les principes posés dans la loi d'émigration de 1889. Embrassant tous les côtés du problème de l'émigration, ces dispositions ont eu pour but : 1° de faire participer au mouvement d'émigration des individus offrant le plus de garanties possible sous le rapport économique ; 2° de leur faciliter les moyens de transfert ; 3° de

leur accorder toute l'assistance nécessaire lors de leur installation en Sibérie.

Comme il a été dit plus haut, lorsque le Comité du chemin
de fer de Sibérie fut constitué, le mouvement d'émigration avait
le caractère d'une force inintelligente et désordonnée et bien
souvent il ne se produisait que pour le mal des émigrants eux-
mêmes, beaucoup d'entre eux trouvaient des déceptions à leur
arrivée sur le sol sibérien et retournaient dans leurs anciens
foyers après ruine complète. La cause de ces insuccès était due
principalement à ce que les paysans se mettaient souvent en
route uniquement poussés par un désir vague d'améliorer leur
situation, et sans avoir de notions exactes sur le sort qui les
attendait en Sibérie.

La constatation de ces actes irréfléchis a été l'objet de la plus
sérieuse attention de la part du Comité, qui a considéré comme
une nécessité primordiale de mettre les paysans russes en
mesure d'avoir des informations exactes sur la Sibérie, et de
prévenir ainsi le retour des aventures si fâcheuses.

Comme l'a montré l'exemple de ces dernières années, le
meilleur moyen d'obtenir ces résultats a été d'autoriser les
paysans à envoyer des mandataires spéciaux nommés « khodokis » pour prendre connaissance des conditions d'existence en
Sibérie et choisir les nouveaux lieux d'installation. Cette faculté
reconnue aux émigrants même avant l'époque de l'émancipation, n'avait plus été mentionnée dans la législation depuis 1861,
dans la crainte que les paysans ne soient incités à émigrer en
masse par les récits de ces émissaires sur l'existence libre de
la population sibérienne. L'emploi des khodokis prenant une
extension considérable, le gouvernement jugea qu'il y avait lieu
de consacrer cette institution par un texte de loi. En 1896, les
khodokis obtinrent pour leur voyage d'aller et retour en Sibérie
le bénéfice de tous les privilèges accordés aux émigrants. Dans
la suite, le Comité pensa qu'il y avait lieu d'accorder la faculté
d'envoyer des émissaires à chaque famille d'émigrants en
particulier ; les khodokis avaient désormais le droit de faire

attribuer à telles ou telles familles qui les avaient envoyés des terrains libres.

Ces dispositions relatives aux khodokis étaient prises dans la pensée que ces informateurs contribueraient à mettre les paysans au courant des conditions d'existence en Sibérie, et à donner au mouvement d'émigration un caractère raisonné et réfléchi.

Pour permettre d'apprécier l'esprit de prudence avec lequel les khodokis s'acquittent de leur mission, il suffit de constater qu'en 1896-1898, un peu plus d'un quart seulement de ces agents a fait choix d'emplacements en Siberie pour l'installation de leurs mandants ; les autres sont revenus avec des résultats négatifs, prévenant ainsi des émigrations imprudentes qui eussent été vouées à l'insuccès. Pour ce qui est des khodokis qui font inscrire à leur nom le terrain qu'ils sont venus chercher pour une famille seule, ils agissent aussi en général avec la plus grande circonspection : ils restent pour la plupart assez longtemps en Sibérie sur le lot de terrain qu'ils ont obtenu, quelquefois plus de six mois, se procurent des bâtisses pour leur exploitation, ainsi que le matériel agricole nécessaire, et préparent les semailles avant de faire venir la famille de la Russie d'Europe. Grâce à la conviction qui s'est formée dans l'esprit de la population qu'il faut faire preuve de prévoyance avant de se décider à l'émigration, on a vu se produire, ces derniers temps, des cas où certaines familles ou groupes de familles envoyaient leurs khodokis à deux et même à trois reprises avant d'émigrer définitivement. Le nombre total des khodokis n'a pu dès lors que considérablement augmenter : il a représenté en 1898 près de 25 0/0 de toute la masse des émigrants.

Indépendamment des mesures prises pour développer l'action des khodokis, le Comité a eu recours à d'autres moyens pour donner à la population paysanne des informations exactes au sujet des conditions d'émigration et d'existence en Sibérie, il a publié des livres et brochures à bon marché qui sont destinés à être répandus parmi le peuple.

Tout en s'efforçant de donner un caractère raisonné au mouvement d'émigration paysanne, le Comité a tenu à le maintenir dans l'observation des formes légales : il s'est appliqué à diminuer autant que possible les cas d'émigration dite « arbitraire ». Nous avons dit déjà qu'après la publication de la loi de 1889, le nombre des émigrants rentrant dans cette dernière catégorie avait considérablement augmenté surtout à la suite de l'interdiction temporaire dont l'émigration avait été l'objet en 1892 : en 1893, le chiffre de l'émigration arbitraire avait représenté les 78 0/0 du nombre des émigrés. Bien que la loi de 1889 eût admis la réintégration forcée dans leurs anciens foyers des émigrés de cette catégorie, cette disposition ne leur fut pas appliquée en raison des conséquences fâcheuses qu'elle eût entraînées pour leur situation économique. La nécessité d'assurer l'existence de ces colons irréguliers a obligé le gouvernement à faire des exceptions à la loi pour eux ; on leur accorde pour leur installation en Sibérie les mêmes privilèges qu'aux émigrés ayant rempli toutes les formalités légales.

La question de l'émigration arbitraire a été examinée par la commission des travaux préparatoires près le Comité lorsqu'elle a procédé, en 1896, à la revision de certaines dispositions de la loi de 1889. L'avis de cette commission fût approuvé par le conseil de l'Empire, il s'en suivit une loi qui a été sanctionnée par S. M. l'Empereur le 15 avril 1896. La commission s'était prononcée pour qu'on établit des distinctions très nettes entre l'émigration arbitraire et l'émigration légale.

Elle pensa qu'on devait faire en sorte que les paysans se proposant de se rendre en Sibérie fussent informés exactement de ce qu'ils perdaient en quittant leurs anciens foyers sans autorisation préalable, et de ce qui leur serait accordé s'ils sollicitent cette autorisation. Pour engager les paysans à choisir la voie légale, il a été jugé opportun de faire ressortir les avantages qu'elle procurait. Il a semblé que la meilleure manière d'y parvenir serait de réduire les privilèges dont bénéficierait l'émigration arbitraire par rapport à ceux qui seraient concédés à l'émigration légale. Il fut décidé que les émigrés arbitraires continueraient à porter la charge de tous les arriérés d'impôts afférents aux communes rurales auxquelles ils avaient appartenu ; ils n'auraient pas le bénéfice des avances pour frais de route et des tarifs réduits sur les chemins de fer, les facilités pour l'accomplissement du service militaire leur étaient refusées Enfin la principale distinction entre les situation faites aux deux catégories d'émigrants consistait dans le fait que les individus ayant émigré arbitrairement ne seraient installés sur les lots de terrains préparés pour l'émigration en Sibérie que dans le cas où le Ministère de l'Intérieur aurait encore à sa disposition des terres libres après avoir installé en premier lieu tous les émigrants munis de l'autorisation légale. Le développement du système d'envoi des khodokis a considérablement contribué à diminuer le chiffre de l'émigration arbitraire : les données statistiques recueillies ces dernières années permettent de constater le rapport existant entre l'augmentation du nombre des khodokis envoyés en Sibérie par les paysans russes de telle ou telle région et la diminution de l'émigration arbitraire dans cette même région. Les résultats généraux des mesures gouvernementales prises pour restreindre l'émigration arbitraire peuvent être considérés incontestablement comme favorables ; elle représentait en 1893, 78 0/0 de l'émigration totale, en 1898 ce chiffre est descendu à 44 0/0.

Non moins importantes ont été pour les émigrants les dispositions prises sur l'initiative du Comité pour faciliter les conditions de l'émigration en Sibérie. Il faut mentionner en premier lieu sous ce rapport l'organisation de l'assistance médicale et d'un service de subsistance pour subvenir à l'alimentation des émigrants pendant leur voyage.

L'inspection médicale commence à fonctionner sur le parcours des émigrants à travers la Russie d'Europe, dans les villes de Piajsk et de Samara. Les malades sont retenus à Tshéliabinsk, la tête de ligne du chemin de fer de Sibérie. Plus loin les émigrants rencontrent toute une série de postes où l'on a organisé pour eux assistance médicale et alimentaire : ces postes se trouvent aux points où les émigrants quittent le chemin de fer pour continuer leur voyage en suivant les routes ou les rivières navigables qui s'enfoncent dans les profondeurs du pays, et encore dans les localités où l'afflux des émigrants est le plus considérable.

Dans ces postes on a aménagé des locaux où les émigrants peuvent s'abriter et se reposer. On donne gratuitement aux malades les soins médicaux et la nourriture et les valides peuvent recevoir des aliments chauds à prix réduits.

Le Comité a porté de plus son attention sur la nécessité d'organiser l'assistance médicale même pendant le parcours en chemin de fer. Dans ce but on a créé pour les trains d'émigrants des wagons sanitaires spéciaux où se trouvent des aides-chirurgiens. Les heureux effets de ces mesures n'ont pas tardé à se manifester par une diminution du chiffre de la mortalité parmi la population émigrante; déjà en 1895, le nombre des décès pendant la route s'est abaissé à 1 0/0 du chiffre des émigrants enregistrés et n'a pas augmenté en 1896, bien que l'accroissement de l'émigration ait été considérable pendant cette année. En 1899 le nombre des décès n'atteignait que 0,14 0/0 du total des émigrants.

L'amélioration des conditions d'hygiène du transport des émigrés a été obtenue, en outre, par d'autres dispositions ayant pour objet sa régularisation. Dès les premières années de son existence, le Comité s'était préoccupé des conséquences fâcheuses qui pouvaient résulter de l'entassement des émigrants dans certaines villes par suite de l'insuffisance des moyens de locomotion. Pour remédier à cet état de choses, il fut créé un fonds spécial pour l'affrètement de grandes barques et l'achat de chariots et de chevaux pour le transport des émigrés depuis les stations du chemin de fer de Sibérie jusqu'aux lieux de leur installation. En outre, le Comité organisa un service chargé de remettre des secours en argent aux émigrants nécessiteux pendant leur voyage. Au début, la quotité de ces secours avait été fixée à 140 francs par famille, d'après le calcul des dépenses de transport et d'alimentation; mais, depuis le prolongement du chemin de fer de Sibérie jusqu'à l'intérieur du pays et l'établissement d'un tarif réduit pour les émigrés, les frais de route ont considérablement diminué*); le Comité, en 1899, jugea qu'en conséquence il était possible de réduire à 80 francs le maximum primitivement fixé. Durant ces dernières années, les demandes de ces secours ont notablement diminué, on ne les a plus délivrés que dans les stations terminus et leur montant n'a pas dépassé en moyenne 25 ou 35 francs par famille.

Les émigrants se rendant en Sibérie en vertu d'une autorisation régulière ont seuls droit aux secours de route.

Ils leur sont remis par des employés spéciaux envoyés en Sibérie par le Ministère de l'Intérieur. Ces employés sont placés à la tête des bureaux d'assistance médicale et alimentaire ; c'est à eux qu'incombe le soin de diriger les émigrants à leur sortie du chemin de fer, sur les territoires de colonisation qui sont le mieux en rapport avec leurs anciennes conditions d'existence. Ces employés sont chargés en plus de dresser un état de tous les émigrants qui parcourent le chemin de fer de Sibérie ; on a pu, de cette manière, suivre leur évolution économique pendant ces dernières années.

Le Comité a déployé une grande activité pour faciliter aux émigrants leur installation à l'arrivée en Sibérie. Il s'est préoccupé de faire connaître les terrains disponibles et aptes à la colonisation dans les régions traversées par le chemin de fer et de préparer des lots en quantité suffisante pour répondre aux besoins de l'émigration. Les ressources dont les différentes administrations disposaient sur place pour le service d'arpen-

---

*) Pour se rendre compte combien ont diminué dans ces dix dernières années les dépenses des émigrants, il suffit de constater qu'au commencement de la période décennale 1890-1900 le voyage depuis les provinces centrales de la Russie d'Europe jusqu'à Tomsk revenait en moyenne à 175 francs par famille ; actuellement ce voyage par famille munie de l'autorisation d'émigrer revient à 45 francs (le transport du bagage n'est pas en général compris dans ce chiffre).

tage étaient insuffisantes, le Comité envoya des équipes temporaires qui furent chargées de faire le relevé des terres disponibles et de les diviser par lots.

Un règlement provisoire a été édicté en 1893 pour la formation de territoires de colonisation et de territoires de réserve dans la région traversée par le Transsibérien, pour assurer d'une part l'installation des émigrants et satisfaire en outre aux besoins de terre que l'État pourrait avoir éventuellement dans la suite. Le règlement prescrivait toutefois de ne pas porter atteinte à la population ancienne de la Sibérie dans les droits de jouissance des terres et de ne faire aucun empiètement sur ses propriétés. Dès lors on rechercha, pour former les territoires de colonisation et de réserve, les régions où l'étendue des terres surpassant les besoins de la population, il n'était pas à craindre de compromettre ses intérêts. Le règlement du 13 juin 1893 indiquait comme pouvant remplir ces conditions les terres libres d'État et celles qui étaient possession indivise de l'État et des paysans, dans les cantons où, pour chaque habitant, on comptait plus de 15 déciatinas de terre, superficie des lots de terre attribués aux émigrants.

Conformément au règlement, les terrains les plus rapprochés du chemin de fer de Sibérie dans les provinces de Tobolsk et de Tomsk furent en premier lieu assignés aux émigrants.

Favorisé par le régime protecteur inauguré par le Comité, le mouvement d'émigration avait pris des proportions plus grandes que jamais, faisant naître pour l'admininistration des obligations nouvelles.

Dès l'année 1896, les lots de terre disponibles dans la région traversée par le Transsibérien commença à diminuer notablement, il devenait urgent pour le Comité d'étendre son champ d'action.

C'est alors que fut mise à l'ordre du jour la question du peuplement de la « Taïga » et des « Ourmans », grandes étendues de forêts considérées jusque là comme inutilisables pour la culture.

Le Comité envoya en 1896 les employés du service d'arpentage en exploration dans la Taïga. Ils en revinrent après avoir découvert d'immenses régions qui, par leurs conditions naturelles, étaient favorables à la culture et au peuplement. Le Comité y dépêcha immédiatement des équipes d'arpenteurs pour préparer des territoires de la colonisation, voisins autant que possible des lieux déjà habités.

Les résultats donnés par ces travaux préliminaires ont montré que le Comité a eu une heureuse inspiration. En 1899 dans les ourmans du district de Tarsk (province de Tobolsk) sur les bords de l'Oui, du Chich et du Toui. affluents de droite de l'Irtysh, on rencontrait déjà 38 villages de colons ayant 3,000 habitants.

En même temps qu'il poursuivait son œuvre dans la Taïga, le Comité entreprenait de coloniser la contrée située au sud du chemin de fer de Sibérie, sur les limites de la région des steppes. Comme il y avait lieu de sauvegarder les intérêts de la population indigène kirghise, avant d'attribuer des terres aux colons, il a été procédé à des études d'économie rurale et de statistique sur la région. On a recueilli des renseignements complets sur le mode de jouissance des terres et la vie économique de la population nomade ainsi que des indications sur les terrains disponibles, de nature à être transformés en territoires de colonisation. Ces travaux firent ressortir que sur 20 millions de déciatinas qui firent l'objet des études, 10 millions pourraient être prélevés sans porter préjudice à la population kirghise. De ces 10 millions il a été jugé possible d'employer un million, pour les territoires de colonisation.

Les résultats généraux de l'activité des équipes créées pour l'organisation du lotissement des terres durant les sept années de leur existence (1893-1899) se constatent par la transformation de 7,000,000 de déciatinas en territoires de colonisation et de réserve, et par l'exploration de plus de 8,000,000 de déciatinas de Taïga et d'Ourmans : la dépense occasionnée par ces travaux a été de 6,350,000 francs.

L'importance des travaux de préparation des territoires de

colonisation, au point de vue du succès de l'œuvre du peuplement de la région traversée par le grand Transsibérien se manifeste par le fait que, malgré l'augmentation notable de l'émigration durant ces dernières années, aucune difficulté ne s'est produite pour l'attribution de terres aux émigrants, difficultés qui avaient été si fréquentes avant l'institution du Comité. De plus, l'ouverture à la colonisation de vastes étendues de terrains offrant des conditions climatériques très diverses donnait la possibilité de régulariser le mouvement d'immigration, en dirigeant les immigrants sur les régions les mieux adaptées aux procédés de culture qu'ils avaient pratiqués dans leurs anciens lieux d'établissement. Enfin, comme preuve nouvelle de la valeur des travaux des équipes, il faut dire que ces travaux n'ont donné lieu sur place à aucune plainte ni à aucun mécontentement, bien qu'ils aient touché de très près aux intérêts de la population ancienne de la Sibérie.

Dans la composition des territoires de colonisation, on a recherché le plus de diversité possible sous le rapport des richesses agricoles et des productions naturelles : terres de labour, prairies, pâturages, bois, etc., on attachait une grande importance à ce que le pays soit suffisamment pourvu d'eau.

Le peuplement de la zone la plus rapprochée du chemin de fer de Sibérie a rencontré dans la région des steppes de Baraba et d'Ishim des difficultés sérieuses, dues à la défectuosité des conditions hydrographiques. La steppe de Baraba, traversée par la voie ferrée entre l'Irtysh et l'Obi, sur une étendue de 393 verstas *) a un sol très marécageux surtout dans sa partie nord, et était considérée jusqu'à ces derniers temps comme impropre à la colonisation. Au contraire, la steppe d'Ishim est caractérisée par l'insuffisance de sources d'eaux potables, et exigeait des travaux d'irrigation pour pouvoir être peuplée. Pour remédier à cet état de choses, le Comité du chemin de fer de Sibérie fit faire des études géologiques détaillées de ces deux

---

*) 1 versta = 1,06678 km.

régions, on élabora un projet d'assèchement de la steppe de Baraba et d'irrigation de celle d'Ishim. Des équipes spéciales organisées par les soins du Ministère de l'Agriculture furent chargées d'exécuter les travaux.

Le moyen le meilleur et le moins coûteux pour l'irrigation de la région des steppes dépourvues d'eau a été la mise à profit des eaux souterraines au moyen de puits de peu de profondeur. De cette manière, on a réussi à pourvoir aux besoins d'eau des colons qui occupaient déjà en grand nombre des terres nullement préparées pour la colonisation et se disposaient à quitter leurs lots de terrains en raison du manque de sources.

Le chiffre total des puits forés de 1895 à 1899 dans les steppes du territoire d'Akmolinsk et dans les provinces de Tobolsk et de Tomsk a été de 1,080. Outre le forage de ces puits, dans beaucoup de villages, on a créé des canaux-réservoirs, aboutissant à de petits lacs d'eau potable; des digues ont été construites sur certains lacs, pour élever le niveau de leurs eaux.

Quant aux travaux d'assèchement de la steppe de Baraba, ils ont eu pour objet de canaliser les eaux qui étaient enfermées dans les terrains marécageux, et de régulariser le cours des rivières dont le lit était fréquemment embarrassé. La mise à exécution de ce plan a eu pour résultat l'assainissement de la région, et a transformé des contrées marécageuses en terrains favorables à la culture.

Grâce à ces travaux, les colons s'établissent actuellement volontiers, dans ces régions voisines du chemin de fer considérées autrefois comme impropres à la colonisation.

Le Comité s'est préoccupé non seulement de donner des terres en Sibérie aux émigrants, mais en outre, il les a secondés dans leur premier établissement.

Il a exercé une sorte de tutelle sur les colonies naissantes par l'entremise des fonctionnaires locaux chargés du service des paysans, qui ont pour mission de veiller à l'installation des colons au point de vue économique et de diriger l'organisation des communes. Ils doivent en outre administrer les territoires de colonisation définitivement organisés, enregistrer les familles émigrées, et tenir la main à l'observation du règlement sur les bâtisses quand on construit de nouveaux villages. Il incombe de plus à ces employés de statuer dans les cas de conflit en matière de droits de propriété entre la population ancienne et la population émigrée ; ce sont eux enfin qui délivrent aux colons les avances de différentes nature.

En abordant la question du caractère et de la destination des avances, accordées aux émigrants pour leur installation, il faut considérer que le gouvernement a pour but de faciliter par là l'organisation de leurs exploitations agricoles tout en les mettant à même de remplir leurs obligations de contribuables vis-à-vis de l'État. On a voulu éviter que ces avances deviennent la seule ressource sur laquelle les nouveaux arrivants auraient à compter. C'est pourquoi le montant de ces avances a été évalué de manière à ce qu'il pût seulement donner satisfaction aux besoins les plus essentiels des familles.

En se réglant sur ce principe, le Comité établit chaque année un crédit spécial pour avances aux émigrants. Ces avances consistent en subsides pour la fondation des exploitations agricoles et l'ensemencement ; ils sont délivrés pendant les premières années après l'installation, dans la proportion de 265 francs au maximum par famille, et de 400 francs dans les limites du gouvernement général de l'Amour; ces sommes sont réduites de moitié, lorsqu'il s'agit d'une installation dans les villages habités par la population ancienne de la Sibérie. De plus, les colons qui s'établissent dans les régions où il n'y a pas de forêts de l'Etat, recoivent des avances spéciales pour construction d'habitations.

Lorsque les territoires de colonisation insuffisamment pourvus de bois se trouvent à proximité des forêts de l'Etat, les colons y peuvent prendre ce qui leur est nécessaire. Enfin, pendant une durée de trois ans après leur intallation, les colons reçoivent en cas de récolte exceptionnellement mauvaise des avances pour les semailles et pour leur alimentation.

Le remboursement de ces avances est reparti par annuités égales, sur les dix années qui suivent les cinq première années d'établissement ; dans certains cas exceptionnels, le remboursement des avances peut être réparti sur une durée de vingt ans. Les sommes déboursées pour ces avances figurent parmi les plus fortes dépenses des œuvres auxiliaires du chemin de fer de Sibérie ; elles ont représenté pour la période 1894-1900, 13,500,000 francs. Pour ce qui est du montant moyen des sommes attribuées aux familles de colons, il est assez variable, et dépend à la fois des conditions locales, sur lesquelles influe l'abondance ou la rareté du bois de construction, et d'autres causes encore, telles que le degré de bien-être des paysans émigrés.

Indépendamment de ces avances en argent, le Comité a jugé utile d'appliquer le système déjà pratiqué antérieurement dans certaines localités de la Sibérie, et consistant à fournir aux colons des secours en nature pour leur exploitation agricole, tels qu'instruments aratoires, chariots, matériaux de construction et même des chevaux. C'est dans ce but qu'on a organisé, dans la région traversée par le chemin de fer de Sibérie, des dépôts où les nouveaux arrivants peuvent recevoir tous ces objets au prix de revient, ces prix sont souvent élevés par suite de l'affluence des émigrants.

L'activité de ces dépôts s'est extrêmement accrue durant les années 1898-1899 ; ils ont délivré plus de 20,000 charrues et 450 moissonneuses. Outre les dépôts d'instruments agricoles, le Comité en a organisé d'autres où l'on peut se procurer des matériaux de construction aux mêmes conditions. Grâce á ces mesures, la construction d'habitations a été facilitée et rendue plus rapide aux émigrants, qui très souvent en raison de l'insuffisance du bois, étaient obligés de passer les premiers mois de leur arrivée dans des demeures faites avec de la terre, et dans des conditions d'hygiène tout à fait défavorables.

En se préoccupant des besoins matériels des émigrants, le Comité du chemin de fer de Sibérie n'a pas perdu de vue leurs besoins moraux. Il y avait peu d'églises et d'écoles en Sibérie. C'était un point inquiétant si l'on considère que les émigrés, habitués dans leur pays d'origine à vivre dans des liens étroits avec l'église, auraient été amenés à faire un pas en arrière dans leur développement religieux et moral. Aussi, dans une des premières séances du Comité a été soulevée la question de la construction d'églises et d'écoles dans la région traversée par le chemin de fer de Sibérie, et principalement dans les stations qui constituent les centres d'agglomérations des émigrés. Pour couvrir les dépenses afférentes à ces constructions on a ouvert, en 1894, près la chancellerie du Comité des Ministres, sur la haute initiative de l'Auguste Président du Comité du chemin de fer de Sibérie, une souscription pour la constitution d'un capital auquel a été donné le nom de fonds de l'empereur Alexandre III. Grâce à l'afflux des offrandes qui ont atteint à la fin de 1889 le chiffre de 3,000,000 de francs on a pu déjà élever 400 églises et 73 écoles, et actuellement 65 églises et 32 écoles sont encore en construction.

L'œuvre de la construction d'églises et d'écoles entreprise d'abord dans les villages des colons des provinces de Tobolsk et de Tomsk, s'est étendue maintenant à toute la région du chemin de fer. En 1898 elle a été entreprise dans la Sibérie Orientale, dans les territoires du Transbaïkal, de l'Amour et dans le territoire Maritime, où la nécessité s'en faisait particulièrement sentir, non seulement pour donner satisfaction aux besoins moraux de la population russe, mais encore pour répandre le christianisme parmi les indigènes encore païens. La construction de ces églises et de ces écoles s'opère sous la direction des gouverneurs de provinces, et sous la surveillance immédiate des ingénieurs chargés de la construction des différentes parties de la grande voie transsibérienne (dans les stations et villages situés près des gares de chemin de fer) et des employés pour les affaires des paysans (dans les villages d'émigrés situés dans la région voisine du Transsibérien). Aux donations particulières qui ont permis d'effectuer ces constructions aussi rapidement il convient d'ajouter l'aide prêtée par les organes administratifs, sous forme de fourniture gratuite de bois des forêts domaniales, et de réductions de tarifs pour le transport du matériel. Enfin les paysans, de leur côté, ont eux-mêmes concouru au succès de cette œuvre en fournissant leur travail gratis pour la construction des églises, en apportant les matériaux, et quelquefois en faisant eux-mêmes des offrandes en argent destinées à couvrir une partie des frais. L'œuvre de l'édification des églises et des écoles est actuellement posée sur des bases solides, grâce à l'intérêt que lui portent les personnes chargées de la surveillance de ces constructions.

Tout en songeant aux besoins moraux des paysans, le Comité du Transsibérien n'a pas oublié les nécessités matérielles et il s'est occupé des colons indigents qui, pour des raisons quelconques, ne peuvent recevoir du gouvernement les secours sous forme de prêts. En 1897, a été créé un fonds de bienfaisance dont la gestion est confiée à la commission des travaux préparatoires près le Comité du Transsibérien. Ce fond, qui vient d'atteindre en 1900 la somme de 200,000 francs sert à compléter les ressources des sociétés locales de bienfaisance en Sibérie, couvre les dépenses nécessitées par les épidémies ou par les incendies qui pourraient ravager les villages des colons, procure les moyens nécessaires pour l'éducation des enfants orphelins et subvenir à d'autres besoins imprévus.

Les mesures dont il a été question jusqu'ici, concernant l'organisation de l'émigration paysanne, se rapportaient principalement aux individus installés sur les terres de l'État dans la Sibérie Occidentale, — province de Tobosk, partie méridionale de la province de Tomsk, et territoires d'Akmolinsk et de

Semipatalinsk. On a procédé un peu différemment pour régulariser l'émigration dans |la partie méridionale de la province de Tomsk, le district de l'Altaï qui est du ressort de l'administration du Cabinet de S. M. l'Empereur, ainsi que sur les confins orientaux de la Sibérie, le territoire de l'Amour et le territoire Maritime.

L'émigration des paysans dans le district de l'Altaï s'est limitée durant la première moitié du xixe siècle à quelques cas isolés ; la population russe de ce district se composait presque exclusivement de paysans inscrits dans les exploitations minières de l'Altaï. Ce n'est que dans la période 1860-1870 qu'a été soulevée la question de donner aux émigrants de la Russie d'Europe l'autorisation de s'établir dans ce district.

Cette autorisation a été accordée en vertu d'une loi de 1865, imposant aux émigrants comme conditions l'assentiment de l'administration du district, l'absence d'arriérés dans le paiement des impôts dus au lieu d'origine, une demande d'admission adressée aux communautés déjà établies dans le district de l'Altaï ; les noùveaux venus avaient la faculté de s'installer sur des terrains libres avec le consentement de l'administration.

Après la publication de cette loi, le mouvement d'émigration vers l'Altai, qui avait déjà commencé en 1861, a considérablement augmenté, et en 1884 on constatait déjà plus de 17,000 paysans inscrits dans les différents cantons de ce district. Outre cette catégorie d'émigrants, il existait encore un assez grand nombre de paysans venus de la Turquie d'Europe ou de la Sibérie Occidentale, et qui habitaient le district de l'Altaï sur la foi de passeports ou d'autres documents de légitimation : on comptait en 1884 près de 30,000 de ces individus. A partir du milieu de la période décennale 1880-1890, l'administration du district minier de l'Altaï s'est occupée de satisfaire aux besoins des émigrants en matière de possession de terres. Dans ce but, il a été procédé à l'étude géologique des terres non habitées et à leur formation en territoires de colonisation. Mais il n'a pas été possible de suffire à tous les émigrants arrivés dans l'Altaï, dont le nombre s'était considérablement accru de 1880 à 1890, et représentait pour les années comprises entre 1885 et 1894 près des 60 0/0 du total de l'émigration paysanne en Sibérie. Ce fait s'explique en grande partie par la variété du sol et les nombreuses ressources du district de l'Altaï qui peuvent donner satisfaction à des émigrants venus des régions les plus dissemblables de la Russie d'Europe : c'est pourquoi les terres du ressort du Cabinet de Sa Majesté apparaissaient comme les plus enviables. Toutefois, les avantages accordés en 1889, aux émigrants qui s'établissaient sur les terres [de l'État ne pouvaient être étendus au district de l'Altaï, constituant la propriété privée du Cabinet de S. M. l'Empereur. On comptait en 1896 dans le district de l'Altaï près de 150,000 émigrants qui n'avaient pas été inscrits d'une façon régulière faute d'avoir rempli les formalités assez difficiles qui étaient exigées pour leur installation *). La question de savoir comment devait être réglé le sort de ces individus a été examinée en 1806 par le Comité du chemin de fer de Sibérie, lequel a jugé opportun d'accorder aux émigrés habitants des communautés rurales de la population ancienne qui avaient réussi à organiser des exploitations agricoles, le droit d'être inscrit dans ces communautés. En outre de cette mesure très importante, qui mettait fin à la situation irrégulière de toute une masse d'émigrés, le Comité a édicté un règlement pour les nouveaux arrivants à l'Altaï, auxquels ont été accordés certains privilèges en matières de paiement de redevances au Cabinet de Sa Majesté et d'accomplissement du service militaire. De cette manière, les colons de l'Altaï sont sous beaucoup de rapports assimilés aux paysans qui s'éta-

---

*) Parmi ces conditions était particulièrement pénible pour les émigrés celle qui les obligeait à obtenir des communautés rurales des anciens habitants du district une décision qui les incorporait dans les communautés : à partir de la période de 1880-1890 ces dernières avaient élevé le taux du paiement exigé pour les inscriptions de cette nature.

blissent sur les terres de l'État en Sibérie ; toutefois, la loi ne leur accorde pas comme aux derniers des subsides pour leur installation. Quelques différences ont été établies pour ne pas détourner le flot de l'émigration paysanne des régions traversées par le chemin de fer de Sibérie et afin de sauvegarder les intérêts du Cabinet de S. M. l'Empereur pour lequel l'accroissement du mouvement d'émigration dans l'Altaï n'est pas désirable, en raison de la difficulté d'organiser le régime de possession des terres par rapport à la population locale.

En 1895 le lotissement des territoires de colonisation a été temporairement suspendu dans le district de l'Altaï par suite de la nécessité d'assurer préalablement le sort des émigrés déjà arrivés dans le district. Actuellement on n'admet plus l'installation des émigrants sur les terrains des communautés rurales de la population ancienne qu'en vertu d'une autorisation de ces communautés.

En passant à la colonisation des immenses territoires situés à l'Est du lac Baïkal, pendant ces quarante dernières années, il faut constater que les seules régions susceptibles de peuplement dans cette partie de la Sibérie sont les bassins de l'Amour et de l'Oussouri. Dans le Transbaïkal le chaos qui règne dans la possession des terres entre les différents groupes de population, paysans russes, cosaques et indigènes bouriates et toungouses, a empêché le courant d'émigration de se porter de ce côté. Quant au territoire d'Yakoutsk et à la partie nord du territoire Maritime ils apparaissent comme inutilisables pour la colonisation libre, en raison de leurs conditions climatériques tout à fait défavorables.

Comme nous l'avons dit dans le chapitre précédent, la colonisation russe dans le territoire de l'Amour et dans la partie sud du territoire Maritime a commencé immédiatement après leur annexion à la Russie (1859-1860). Les règlements édictés en 1861 et revisés en 1882 et 1892 pour l'organisation du mouvement d'émigration dans cette région, diffèrent un peu de ceux établis à l'égard des émigrants en Sibérie, en raison de la situation géographique du pays et de l'intérêt politique que son peuplement offrait pour l'Empire. On a cherché à attirer dans les confins de l'Est de la Sibérie, des colons ayant autant que possible des moyens d'existence plus certains, de manière à éviter des dépenses pour le Trésor. Dans ce but en 1892, on a imposé aux émigrants qui voulaient se rendre dans le territoire de l'Amour et dans le territoire Maritime, d'être en possession de ressources suffisantes pour leur transport et leur installation *). Toutefois, cette condition n'a pu être maintenue dans toute sa rigueur, par suite des difficultés qu'offraient pour les paysans les conditions du voyage par voie de terre jusqu'à l'Amour; à partir de 1896 les émigrants ont reçu, sur l'initiative du Comité, des subsides pour leur installation dans cette contrée et pour leur voyage à travers la Sibérie.

Les lots de terrains concédés dans le territoire Maritime et dans celui de l'Amour ont une plus grande étendue que dans les autres régions de la Sibérie, ils peuvent atteindre 100 déciatines par famille, de plus ces lots de terrains peuvent être acquis en toute propriété par les communautés rurales et les familles des émigrés. En accordant ces privilèges, on a voulu attirer dans la région le plus grand nombre possible de colons, et en même temps rendre plus étroit le lien si nécessaire au point de vue politique entre la population et le territoire qu'elle occupe.

La colonisation des confins de la Sibérie Orientale s'étend au bassin de l'Amour et de ses affluents d'une part, et à la région de l'Oussouri, située entre le cours de l'Oussouri et la mer du Japon d'autre part.

Le principal contingent des émigrants dans le territoire de l'Amour après 1861 a été formé par des paysans venus en

---

*) Comme développement à cette disposition, a été édicté un règlement, en vertu duquel les paysans désirant se rendre par terre dans le territoire de l'Amour doivent posséder au moins 1,500 francs par famille, lorsqu'ils sollicitent l'autorisation d'émigrer dans cette région.

partie de la Russie d'Europe, et des provinces et territoires sibériens, le chiffre total de ces émigrants en 1868 a été de 6,400 individus. Le mouvement d'émigration, après avoir faibli après 1869, s'est élevé de nouveau après 1882 concurremment avec l'accroissement général du chiffre des émigrants en Sibérie. Depuis 1883 jusqu'à ces derniers temps, le nombre des familles, établies annuellement dans le territoire de l'Amour, a varié entre 30 et 500; ce n'est qu'en 1894 qu'il a atteint un chiffre supérieur à 1,000 individus. Ces émigrants étaient installés dans la partie de la province la plus favorable à la culture dans les vallées des rivières Zea et Bourea, affluents de l'Amour, où se sont établis jusqu'à ces derniers temps plus de 50,000 colons. Pour ce qui est de la vallée de l'Amour la grande artère de cette contrée, elle est occupée par des villages de troupes cosaques formées par des Cosaques du Transbaïkal, installés dans la région de l'Amour de 1858 à 1863. L'organisation de l'émigration dans le territoire de l'Amour se fait maintenant suivant le mode adopté pour le peuplement de la Sibérie Cisbaïkale.

Quant aux confins orientaux de la Sibérie faisant partie du territoire Maritime, ils ont été colonisés de 1860 à 1870 par des Cosaques provenant principalement du territoire du Don; ils ont formé des villages, principalement le long de la rive gauche de l'Oussouri qui constitue la frontière entre la Russie et la Chine.

Parallèlement à la colonisation de cette contrée par les Cosaques, commençait l'émgration des paysans vers les confins Sud du territoire Maritime, la région du Sud de l'Oussouri. A la fin de la période 1860-1870, le peuplement a été retardé par le soulèvement de la population chinoise demeurée dans le pays après l'annexion et à qui la Russie avait fait défense d'exploiter les mines d'or. A côté des Cosaques et des paysans russes, on trouve, comme colonisateurs de la région Sud de l'Oussouri, des Coréens attirés par l'immensité des espaces libres. Durant la période 1860-1880, l'administration accueillit favorablement l'émigration coréenne, voyant dans ces colons une population ouvrière paisible. Elle fut beaucoup moins accueillante pour les émigrants venus de Chine qu'on nommait les Mantz, et qui passaient continuellement la frontière, même après qu'eût été réprimé le soulèvement de leurs compatriotes. Occupant arbitrairement les terrains libres, les Mantz exploitaient sans ordre les richesses naturelles du pays et ne respectaient pas l'administration russe.

Vers 1880, le gouvernement porta son attention sur la nécessité de développer l'émigration russe dans ces parages. Pour éviter aux émigrants venant de Russie les difficultés d'un voyage à travers tout le continent asiatique, on les a transportés par mer ; ce transport se faisait d'abord aux frais de l'État; depuis 1886 il se fait presque exclusivement aux frais des émigrants. Ce système continue à être employé et le chiffre des émigrants transportés annuellement à Vladivostok sur les vapeurs de la flotte nationale indépendante durant la dernière période décennale a varié entre 600 et 8.000 individus. Par suite de l'achèvement, en décembre 1899, des travaux de construction de la grande ligne transsibérienne depuis Tchéliabinsk jusqu'à Vladivostok, on a organisé en 1900, concurremment au transport par mer, le transport, par trains spéciaux, des émigrants se rendant dans la région de l'Oussouri. Six de ces trains ont amené à Sretensk et de là à Khabarovsk environ 3,600 personnes.

Jusqu'à l'année 1900, le résultat total de la colonisation a donné un chiffre de 46,865 personnes de population russe, répartis entre 118 villages ; le nombre des Coréens a été de près de 8,500 établis dans le district limitrophe de Possiett.

Depuis 1882, un bureau spécial avait été chargé des affaires d'émigration dans le Sud de l'Oussouri, il avait pour mission l'installation des émigrants russes arrivant soit par voie de terre ou débarquant à Vladivostok. A partir de l'année 1899, ces fonctions ont été confiées à un fonctionnaire spécial relevant du bureau de colonisation du Ministère de l'Intérieur.

Les familles des colons nécessiteux arrivés dans la région

reçoivent pour organiser leur exploitation agricole des subsides d'un montant maximum de 1,300 francs.

Les particularités du sol et les conditions climatériques dans le territoire de l'Amour et dans les régions de l'Oussouri sont appelées à favoriser le développement de la colonisation, et attireront de plus en plus les colons, à mesure que dans la Sibérie occidentale située à l'Ouest du lac Baïkal s'épuisera le stock de terres disponibles propres à la culture.

Nous avons exposé les mesures gouvernementales qui se sont proposées de régulariser dans ces derniers temps le mode d'émigration des paysans en Sibérie; nous avons mentionné également les résultats donnés par les plus importantes. Mais pour se rendre compte d'une manière plus complète de toute la signification d'un phénomène aussi remarquable de la vie du peuple russe, tel qu'apparaît cet immense mouvement d'émigration, il importe de tenir compte des circonstances économiques et sociales qui l'ont provoqué.

Durant les XVIIe et XVIIIe siècles, l'émigration des paysans au delà de l'Oural fut motivée principalement par le désir d'échapper à certaines obligations pénibles de la vie sociale et politique de cette époque, tels que le servage et le recrutement militaire, et de se soustraire en outre aux poursuites exercées contre les sectes religieuses. Au XIXe siècle, la cause déterminante de l'émigration devient purement économique. Elle a pour origine ce fait que dans la Russie d'Europe l'étendue des terres est devenue insuffisante par suite de l'augmentation de la population, augmentation qui depuis la grande réforme de 1861 atteignit jusqu'à 50 0/0 du chiffre de la population.

Les conséquences de ce phénomène se sont fait particulièrement sentir dans les provinces à terre noire, où le bien-être de la classe inférieure dépend uniquement du travail agricole dont la production ne s'accroît que dans une faible mesure par rapport aux besoins de la population sans cesse croissante. Les provinces en question occupent une zone de la Russie d'Europe, située approximativement entre les sources et le cours moyen du

Dniéper d'un côté et la partie moyenne du Volga de l'autre. L'étendue de terrain par individu varie dans cette zone entre 1 3/4 et 3 déciatinas, ce qui ne peut être considéré comme suffisant pour satisfaire aux besoins d'une population qui croît dans les proportions que nous avons dites.

A cette insuffisance des terres vint s'ajouter une diminution dans le rendement des exploitations agricoles par suite de l'épuisement du sol, de l'accroissement continuel des emblavements et de l'insuffisance des fermages. Les moyens employés par les paysans des provinces à terre noire pour remédier à cet affaiblissement dans la production furent impuissants à arrêter le mouvement d'émigration qui se rattachait encore à d'autres causes. D'une part, les paysans ne pouvaient plus prendre des terres en fermage, en raison de l'élévation constante du prix des loyers, et en outre le grand développement des machines agricoles ne leur permettait plus d'employer leurs bras que très difficilement.

Grâce au chiffre croissant des paysans faisant naître une surabondance dans l'offre de la main-d'œuvre la tendance à l'émigration ne pouvait qu'augmenter.

Pour montrer combien cette tendance a été forte précisément dans les provinces du Nord et du centre de la zone à terre noire, il suffit de dire que durant les quinze dernières années le nombre des émigrants de ces provinces représentait 70 à 75 0/0 du total de l'émigration paysanne.

Dans les provinces de la Russie d'Europe situées au Nord de cette région, le nombre des émigrants avait été pendant la même période relativement peu considérable.

Le besoin d'émigrer était beaucoup moins impérieux dans ces contrées où se trouvaient des centres industriels en pleine prospérité pouvant fournir à la population des moyens d'assurer son existence au prix d'un labeur moins pénible et où l'on rencontrait, en outre, d'abondantes richesses naturelles, notamment d'immenses forêts.

Ce fait, que la principale cause de l'émigration est l'insuffisance des terres jointe à la difficulté pour les paysans de se procurer des ressources au dehors de la culture a été confirmé par les états de renseignements relatifs aux émigrés, ils font ressortir qu'à la question posée sur les motifs qui les avaient poussés à quitter leur pays, les paysans ont presque invariablement répondu : « nous manquions de terres ».

Ajoutons que le mouvement d'émigration s'est considérablement accru à la suite de mauvaises récoltes; c'est ainsi que, pendant les années 1891, 1892, 1898, qui furent particulièrement défavorables à la culture, le nombre des émigrants décupla dans les provinces qui eurent le plus à souffrir.

A ces causes d'ordre purement économique, quelques autres circonstances ont ajouté leur influence mais plus indirectement.

Citons notamment la construction du chemin de fer de Sibérie. Les travaux attirèrent un nombre considérable d'ouvriers ; ceux-ci, le plus souvent accompagnés de leur famille ont fondé des villages autour des gares. Disons en terminant que le récit des récoltes extraordinairement abondantes que donne le sol fraîchement défriché de la Sibérie n'a pas été sans exciter la convoitise de la population paysanne.

Il est maintenant une question très intéressante au point de vue de l'histoire de la colonisation sur laquelle il convient de s'arrêter un instant : celle de la situation des émigrants qui se sont rendus en Sibérie. Les études faites sur l'émigration nous permettent de faire à ce sujet des constatations importantes.

La grande majorité des émigrants dispose de quelques ressources et il est établi que la nécessité d'émigrer ressentie par un nombre considérable de paysans ne détermine que ceux d'entre eux qui possèdent un petit capital, souvent très modeste, mais au moins suffisant pour faire face aux frais du voyage.

Ce fait a d'ailleurs été vérifié par les statistiques concernan la position des émigrés à leur départ.

Elles ont fait ressortir que parmi les émigrés arrivés en

Sibérie en 1895 et 1896, le nombre de ceux qui, au moment de leur mise en route, disposaient d'une somme de 300 à 450 francs l'emportait sur celui de ceux ayant moins de 150 francs ou plus de 450 francs ; on a remarqué en outre que le chiffre des paysans dépourvus de chevaux de labour, de vaches ou autre bétail ne représentait pas plus du quart du total des familles russes émigrées jusqu'en 1848.

Enfin un fait très caractéristique, c'est que d'après les statistiques de 1895-1896, plus de la moitié de la population émigrante était composée de paysans sans arriérés d'impôts dus à l'État, à la province ou à la commune. L'ensemble de ces résultats prouve que la masse des émigrants est composée en général de bons éléments colonisateurs.

Le bien-être que la population paysanne a trouvé dans l'émigration mérite d'être signalé.

Il est facile de concevoir d'abord que ce simple fait de l'attribution de 15 déciatinas de terres stimule l'activité des paysans qui antérieurement n'en avaient que quatre ou six fois moins. Recevant de plus, à leur arrivée en Sibérie, les subsides nécessaires à l'organisation de leur exploitation, les nouveaux venus acquièrent assez rapidement une situation prospère dont ils ne pouvaient jouir dans leurs lieux d'origine. Cette amélioration de leur sort se manifeste avant tout par l'accroissement progressif de l'aire des terres emblavées et par la diminution du nombre des exploitations dépourvues d'habitations, de bétail, etc. Enfin, à mesure que se prolonge le séjour des émigrés en Sibérie, augmente parmi eux le nombre des familles possédant en propre des exploitations agricoles.

Les renseignements recueillis sur la colonisation en Sibérie durant la période 1888-1898, font connaître que l'aire des terres cultivées par les paysans émigrés en 1898 a atteint 3 1/2, déciatinas par famille, tandis que les colons, établis en Sibérie depuis l'année 1895, ont réussi déjà à emblaver en moyenne 4 déciatinas par famille, ceux de l'année 1894—5 déc., et enfin

ceux des années 1890-1892, 6 déc., et de 1889 même 7 1/2 déciatinas.

Pour comparer le bien-être matériel que les paysans ont
acquis en Sibérie, il suffit de se reporter aux récentes statistiques, relatives aux émigrés de l'année 1898. Elles permettent
de constater que les paysans dont il s'agit ont réussi en un an
à se pourvoir de bétail en plus grande quantité qu'ils n'en
avaient avant d'émigrer. Ainsi le nombre des paysans, propriétaires de chevaux en Russie d'Europe, était de 81 0/0, celui des
paysans propriétaires de vaches de 80 0/0, tandis qu'en Sibérie
ces chiffres s'élèvent à 93 0/0 et 87 0/0.

L'émigration en Sibérie a donc été favorable aux émigrants
et le peuplement des vastes espaces de cette contrée si fertile
est un moyen certain de relever parmi la population paysanne
les forces économiques, qui s'épuisaient dans leur pays d'origine.

Il est certain cependant que parmi une si grande masse d'émigrés on a eu a enregistrer des insuccès et que quelques-uns
d'entré eux après des tentatives infructueuses ont regagné
leurs foyers.

Les échecs de ces colons sont dus, en général, à leur manque
d'autorisations pour l'établissement et à l'insuffisance de
ressources pour organiser leur exploitation agricole durant les
premiers temps de séjour en Sibérie. Il faut ajouter à cela
parfois les choix malheureux des lots de terrains et des récoltes
encore peu abondantes pendant les premières années d'installation qui font croire à la mauvaise qualité des terres. Mais,
en somme, toutes ces causes peuvent être ramenés à une seule,
à savoir que ces émigrants ne se sont pas suffisamment ren-
seignés avant de partir pour la Sibérie et n'ont pas assez
réfléchi à l'acte qu'ils ont accompli.

Pour éviter des aventures fâcheuses, on s'est attaché à ce
que la population paysanne ne se décide à émigrer qu'après
s'être placée dans les conditions les plus favorables pour la
réussite de ses entreprises futures .

Nous avons parlé plus haut de l'institution des khodokis ;

elle a eu pour résultat de diminuer notablement le chiffre de ces retours dont la marche de la colonisation ne s'est d'ailleurs nullement ressentie, les émigrés que l'on a vus reprendre le chemin de leur pays étaient précisément ceux qui présentaient le moins de garanties pour le succès de l'œuvre.

On peut dire que l'émigration, en apportant en Sibérie des coutumes nouvelles et une civilisation plus avancée, a complètement modifié l'état économique et social de ce pays.

Les familles de paysans venues en Sibérie il y a cent ou deux cents ans avaient trouvé devant elles d'immenses espaces inoccupés et des peuplades éparses qui n'opposèrent aucun obstacle à leur établissement. Les arrivants pouvaient librement exploiter les terres vierges de la Sibérie et ses richesses naturelles. De plus, nul n'était soumis à l'obligation du servage en raison du peu d'étendue des terres seigneuriales.

Dans de telles conditions les paysans acquéraient bien vite en Sibérie plus de bien-être qu'en Russie d'Europe.

Mais cette aisance dans les mouvements a eu pour conséquence de développer outre mesure les procédés de culture extensive, et d'abaisser le degré d'énergie d'une population qui pouvait se soustraire aux difficultés par un simple déplacement.

Lorsque les paysans se sentaient à l'étroit quelque part ou que les qualités du sol étaient moins bonnes, ils abandonnaient leurs terres et préféraient se transporter sur d'autres lieux plutôt que d'adopter les systèmes de culture intensive. C'est ainsi que se sont produites dans la période 1870-1900 des émigrations à l'intérieur même de la Sibérie, notamment dans certains districts de la province de Tobolsk.

Les nouveaux venus, bien que peu avancés dans l'art de la culture, ont cependant apporté des méthodes supérieures à celles de la population ancienne; ils y avaient été habitués dans leur pays d'origine par suite de la nécessité où ils s'étaient trouvés de lutter contre les difficultés résultant de l'insuffisance des terres; ces difficultés avaient développé en eux un esprit d'initiative qui faisait totalement défaut aux Sibériens.

L'influence des émigrés sur le développement de la culture en Sibérie s'est manifestée par l'introduction de toute une série de plantations utiles qui n'existaient pas antérieurement.

Les colons arrivés dans les vingt dernières années ont importé la culture du sarrazin et du millet. Cette dernière s'est particulièrement développée dans la province de Tobolsk et dans le territoire d'Akmolinsk. Les émigrants de la petite Russie ont créé des vergers qui, dans le territoire d'Akmolinsk, donnent un revenu assez notable.

Ajoutons que la culture, dans certaines régions sibériennes, a pris un plus grand essor par l'introduction d'outils agricoles plus perfectionnés.

Sous le rapport de l'arboriculture, les nouveaux colons ont dépassé les anciens, ils ont fait des plantations de pommiers et de poiriers.

Concurremment à l'action exercée sur la culture, la colonisation a favorisé le développement des métiers et de la petite industrie paysanne.

Cette influence a été surtout sensible dans le district de l'Altaï où durant la période 1880-1899, tous les métiers et toute la petite industrie ont été créés par les émigrés de la Russie d'Europe, arrivés dans le pays après l'année 1860, citons entre autres l'industrie de la pelleterie, celle de la carrosserie, la fabrication des meubles, etc.

Dans ce district les nouveaux venus ont contribué à l'accroissement de la vie urbaine : en 1883, alors que la route de l'émigration en Sibérie était bien plus pénible, et que le mouvement de colonisation était bien moins considérable, la population des villes de Barnaoul et de Biisk, jusque là insignifiante, s'est accrue par l'afflux d'émigrants appartenant à la classe des petits bourgeois (messhané) de la Russie d'Europe, et a atteint pour chacune des deux villes le chiffre de 10,000 individus : des rues entières et des faubourgs ont été construits. En 1897, la population de la ville de Barnaoul a atteint le chiffre de 30,000 habitants.

Constituant ainsi le gage du développement en Sibérie de la vie civile russe, le mouvement d'émigration concourt en même temps à assurer l'unification de ce pays avec la métropole en imposant ses mœurs à l'élément indigène.

Si l'on compare, au point de vue des résultats, la colonisation de la Sibérie avec l'émigration provenant des États occidentaux de l'Europe vers les terres libres de l'Amérique, de l'Afrique et de l'Océanie, on ne saurait méconnaître la supériorité de la colonisation russe, sous ce rapport que les colons sibériens restent étroitement unis à leur pays d'origine en raison même de la situation géographique des lieux.

L'histoire de la colonisation de la Sibérie présente avec celle de certains territoires colonisés par des États occidentaux cette analogie que l'afflux constant d'émigrants libres a amené le gouvernement à renoncer à des mesures qui n'étaient plus conformes aux intérêts de la population colonisatrice. C'est à cet ordre d'idées que se rapporte la question de l'envoi en Sibérie des déportés condamnés pour crimes dans la métropole.

De même qu'en Australie, cette question a été résolue par l'Angleterre dans un sens favorable pour la colonie; le moment est venu, pour la Sibérie, où la déportation des criminels de la Russie d'Europe est destinée à n'être plus qu'un souvenir. Ainsi qu'il a été dit dans le chapitre précédent, on avait déjà constaté dans la première moitié du xixᵉ siècle les résultats négatifs de l'envoi des déportés au point de vue de la colonisation du pays.

L'afflux constant en Sibérie de l'élément criminel a eu pour conséquence une plus grande fréquence des évasions de forçats et de déportés, qui commettent sans cesse de nouveaux crimes, ce qui portait une atteinte sérieuse à la sécurité du pays. Durant la période 1870-1880 les autorités locales sibériennes ont adressé à l'administration la demande d'abolir ou tout au moins de restreindre la déportation en Sibérie. Leurs démarches ont abouti et l'Empereur en mai 1899 a donné l'ordre aux organes gouvernementaux de procéder à la solution immédiate de la question relative à l'abrogation ou à la limitation du système de déportation en Sibérie. En exécution de cet ordre souverain, une commission spéciale, instituée près le Ministère de la Justice, a été chargée d'élaborer un projet pour le remplacement de la déportation judiciaire en Sibérie par d'autres pénalités, la réorganisation du régime des travaux forcés, et du séjour en Sibérie des forçats ayant achevé leurs années de travaux, séjour prescrit comme peine subséquente à la première. Le projet de cette commission a été examiné et discuté au Conseil de l'Empire et a reçu, par la sanction de S. M. l'Empereur, force de loi au mois de juin courant. Cette loi se prononçant contre la déportation judiciaire en Sibérie, cette pénalité peut donc être envisagée comme désormais abolie. En même temps a été supprimée la déportation en Sibérie par voie administrative, en exécution des arrêts rendus contre leurs membres par les communautés de paysans et de petits bourgeois.

Cette modification apportée dans la législation aura pour résultat de mettre fin à la fâcheuse influence qu'exerçait la déportation sur la prospérité de la vie civile en Sibérie, et pour cette conséquence la récente décision souveraine doit être mise au premier rang des dispositions qui ont été prises à l'effet d'assurer le succès de la colonisation de cette contrée.

Errata

Page 3, 5ᵉ ligne, présentent.
Page 8, 4ᵉ ligne, milieu du xvııᵉ siècle, eurent lieu.